「日本教」をつくった

聖徳太子のひみつ

井沢元彦

ビジネス社

まえがき

2021年のノーベル物理学賞は、日本人（現在国籍はアメリカ）の眞鍋淑郎《まなべしゅくろう》さんが受賞しました。実にめでたいことですが、その眞鍋さんが受賞の記者会見で「日本からアメリカに国籍を変えた主な理由を教えてください」という記者の質問に、次のように答えたのが話題になりました。

面白い質問です。日本では人々はいつも他人を邪魔しないようお互いに気遣っています。

彼らはとても調和的な関係を作っています。日本人が仲がいいのはそれが主な理由です。ほかの人のことを考え、邪魔になることをしないようにします。日本で「はい」

「いいえ」と答える形の質問があるとき、「はい」は必ずしも「はい」を意味しません。「いいえ」の可能性もあります。（会場から笑い）

なぜそう言うかというと、彼らは他人の気持ちを傷つけたくないからです。だから他人を邪魔するようなことをしたくないのです。

（The Asahi Shinmbun Globe＋より）

この言葉に「そのとおり」と叫ぶ人はきわめて多く、「そうじゃない」と反論する人はほとんどいないでしょう。しかし、問題はここからです。

なぜ日本人はそうなのか？

これは歴史学の問題であるはずなのですが、私の知る限り、「なぜ日本人は、そのような『同調圧力』を生むのか？」を、歴史的に分析した報道はなかったように思います。

では、その疑問に私がお答えしましょう。

それは日本が「和」を重んじる国であるからです。そしてそのことを聖徳太子は、いまから1400年も前にすでに「十七条憲法」で指摘しています。

聖徳太子の人間像はこの本にも詳しく述べておきましたが、あえてひと言で言えば日本最初の「比較文化研究者」ということになるでしょう。

彼は日本人として生まれましたが、幼いころから仏教を学び中華文明にも接しました。そして、彼にそれを教えたのは朝鮮半島出身の僧侶でした。

おそらく太子は日本語、中国語、朝鮮語を話したトライリンガルであったはずです。だからこそ彼は、自分の国の文化の特質に気がつくことができたのです。

私は初心者に歴史の講演をするときに、よくこう言います。

「皆さん、『日本語の特徴を述べよ』といきなり言われても困るでしょう、それはわれわれにとって空気のように当たり前だからです。しかしまったく異質な言語、たとえば英語と比べてみると、語順が違う、発音が違う、単数形複数形にこだわらないなど、特徴がすらすらと出てくるはずです。語学でも文化でも歴史でも、外国と比較することが自己把握のいちばんの近道です。だからこそ文豪ゲーテは『ひとつの外国語を知らざるものは母国語を知らず』と言ったのです」と。

ところが、この教訓をもっとも生かしていないのが、大変申し訳ありませんが言葉を飾っても仕方がないのであえて言うと、日本の歴史学者です。

日本の歴史学者ほど、世界史を知らない人間はいません。知らないからこそ比較もできないし、日本文化の特徴を抽出《ちゅうしゅつ》することもできない。

私はそれをやっています。だからこそ、その道の大先輩と言うべき聖徳太子が、いまから1400年も前に日本人の特質を抽出したことに気がついたのです。

その最大の特徴は「日本人は和をもっとも大切にする」ということであり、それがとりもなおさず眞鍋さんの指摘していることなのです。

私はもう30年も前からそれを行っています。たとえば小学館から出ている『逆説の日本史』シリーズではそれが中心テーマであるし、その『逆説の日本史』のエッセンスをまとめた『日本史真髄』（小学館新書）でもこのことを分析しています。私の言葉が信じられないなら、これらの著作を一読していただければ、それが真実であることがわかっていただけることでしょう。

残念ながら私の力不足で、これらの「常識」が日本人のすべての常識となっていないのが口惜《くちお》しいところですが、ぜひこの際、皆さんには「和」とは日本文化の核であることを自覚していただきたい。

ただ「和」を「同調活力」と言い換えると、なにか悪いことのように聞こえるかもしれませんが、けっして悪いことばかりではありません。もっとも、ノーベル賞を受賞するような学者のように、個性を極限まで発揮し自我を通そうという人間には、これほど住みにくい国もないでしょう。

逆に「個性尊重」と言えば聞こえがいいですが、常に個性を発揮することを強制される「個性圧力」のある国の住人のなかには、日本のほうが住みやすいと感じる人もいるでしょう。

げんに日本に住みついてしまってもう帰れないという外国人のなかには、そういう人が多いと私は考えています。

いずれにせよ、そうした問題に歴史的分析がまったく伴わないのは、実に情けない話で、この機会にぜひ皆さんには、そういうセンスを身につけていただきたいと切に思います。

年表

聖徳太子とその時代

※太字部分は聖徳太子に関連すること

540（欽明元）年	朝鮮半島の任那4県を、大伴金村が百済に割譲
562（欽明23）年	朝鮮半島の任那日本府が新羅によって滅ぼされる
574（敏達3）年	**用明天皇の第二皇子として聖徳太子誕生**
585（敏達14）年	敏達天皇が崩御し用明天皇が即位
587（用明2）年	用明天皇崩御 蘇我馬子が、物部守屋が次期天皇として擁立しようとした欽明天皇の子・穴穂部皇子を殺害 泊瀬部皇子が即位する（崇峻天皇） **蘇我馬子による物部守屋征伐に聖徳太子も参加**
588（崇峻元）年	蘇我馬子が飛鳥寺（法興寺）の造営を開始する
592（崇峻5）年	蘇我馬子が東漢直駒に命じて崇峻天皇を暗殺
593（推古元）年	推古天皇即位 **聖徳太子が皇太子、摂政となる**

594（推古2）年　**この年、物部氏との戦いに勝利したことのお礼として、摂津の難波に四天王寺を建立する**
仏法興隆の詔が発令される

595（推古3）年　高句麗より聖徳太子の師となる僧侶の慧慈が来日

596（推古4）年　**聖徳太子が湯治のため、慧慈とともに伊予の道後温泉を訪れる**

600（推古8）年　日本が新羅に出兵する

601（推古9）年　**聖徳太子が斑鳩宮の造営に着手する**
このころまでに妻の刀自古郎女とのあいだに山背大兄王が誕生する

602（推古10）年　聖徳太子の弟である来目皇子が新羅征伐のため出陣する

603（推古11）年　来目皇子が筑紫で病死する
来目将軍の弟の当麻皇子が新羅征討将軍に任じられるも、その後、妻が死去し出兵中止
聖徳太子が冠位十二階を制定

604（推古12）年　**聖徳太子が十七条憲法を制定**

605（推古13）年　**斑鳩宮が完成し、聖徳太子も移り住む**

607（推古15）年　聖徳太子が小野妹子らを隋に派遣し、「日出ずる処の天子」で知られる国書を隋の煬帝に渡す

このころ　斑鳩寺（法隆寺）が完成したとされる

この年、国ごとに屯倉を設置する

この年、敬神の詔を発令する

608（推古16）年　小野妹子が隋の使いである裴世清とともに帰国

小野妹子らを再び隋に派遣する

611（推古19）年　仏典・勝鬘経の解説書である『勝鬘経義疏』を著す

613（推古21）年　仏典・維摩経の解説書である『維摩経義疏』を著す

614（推古22）年　最後の遣隋使として犬上御田鍬らを隋に派遣する

615（推古23）年　仏典・法華経の解説書である『法華義疏』を著す

慧慈が高句麗に帰国する

618（推古26）年　隋の煬帝が殺され、隋が滅び唐が建国される

620（推古28）年　この年、聖徳太子が蘇我馬子とともに『天皇記』『国記』を撰録したとされる

622（推古30）年　**聖徳太子の妻である膳部菩岐々美郎女が崩御**
翌日、聖徳太子が斑鳩宮で崩御する

626（推古34）年　蘇我馬子死去

628（推古36）年　推古天皇が崩御し、竹田皇子陵に合葬されたとされる

629（舒明元）年　舒明天皇が即位

641（舒明13）年　舒明天皇崩御

642（皇極元）年　舒明天皇の大后である宝皇女が即位（皇極天皇）

643（皇極2）年　山背大兄王が、その能力を恐れた蘇我入鹿らに襲撃され、一族もろとも殺害される

645（皇極4）年　中大兄皇子、中臣鎌足らにより、蘇我入鹿が飛鳥板蓋宮で殺害され翌日、その父の蝦夷が自邸で自害し、蘇我宗家が滅びる（乙巳の変）
皇極天皇が弟の軽皇子に譲位（孝徳天皇）し、天皇位を固辞した中大兄皇子は皇太子となる

序章　なぜ、聖徳太子は1400年間、崇拝され続けてきたのか？

第1章 日本の国家体制を築き上げた、スーパースターの苦悩

第2章
日本人のDNAを決定づけた「十七条憲法」の大事な本質

第3章 聖徳太子の強硬外交と、謎に満ちたその最期

第4章

「怨霊」となった聖徳太子と、1400年続く「日本教」のひみつ

あとがき

カバーイラスト：凸ノ高秀

序章

なぜ、聖徳太子は1400年間、崇拝され続けてきたのか？

仏教伝来と密接にリンクする青年聖徳太子の成長と活躍

聖徳太子の「太子」とは皇太子の略で、「次期天皇に指名された人」という意味です。ところが、聖徳太子は天皇にはなれませんでした。

なぜなのでしょうか。

聖徳太子は、皇太子のまま亡くなった人としては、きわめて異例のことですが「聖徳」という立派で、素晴らしい「諡号《しごう》」を贈られています。

諡号とは、王様や高貴な人の死後に、その人のおこない、功績をたたえるために贈られる名前のこと。「諡《おくりな》」とも呼ばれます。

こんな形で顕彰された皇太子は日本史上、聖徳太子ただひとりだけなのです。

実は、この「聖徳」の2文字にこそ、天皇家の歴史を解き明かすうえで重大なヒントが隠されていると、私は長らく考えてきました。その意味を、これから説明していきたいと思います。

また、聖徳太子が残した業績、とくに有名な「十七条憲法」について、そこに書かれているにもかかわらず、誰も指摘してこなかった〝真の目的〟も探っていきましょう。

聖徳太子は、日本が神話時代から歴史時代に入った飛鳥時代の574年に、第29代用明《ようめい》天皇の第二皇子として生まれました。母は第29代欽明《きんめい》天皇の第三皇女で用明帝の皇后、穴《あな》穂部間人皇女《ほべのはしひと》です。「厩戸皇子《うまやど》」という名が実名だとされています。

厩戸皇子は少年の身ながら、早くも仏教の信奉者でした。母方の蘇我《そが》氏は、半島から渡来して日本に帰化した一族であったので、海の向こうの先進文化を日本に伝える〝パイプ役〟を担っていたのです。太子はその影響もあって、伝えられて日の浅い「新宗教」であった仏教の信者となったのでしょう。

それも、聞きかじり程度の半端な信者ではなく、仏典の注釈書も書くほどの高いレベルで仏の教えを理解していたのです。

実は当時、有力豪族の物部《もののべ》氏をはじめ、外来の仏教に反対する勢力もいました。彼らは日本古来の神道を信じており、外国の宗教を許せば日本はケガレてしまい「禍事《まがごと》」（不幸な出来事）を招来すると確信していたのです。そこで物部氏は、蘇我氏を排除すべきとして戦いを挑みます。これは、日本史上初の宗教戦争といっていいでしょう。

両軍は河内方面で激突し、少年でありながら従軍していた厩戸皇子は、仏教界を守護する四天王に「どうか勝たせたまえ。見事に勝利したあかつきには四天王を祀《まつ》る寺を建立《こんりゅう》します」と祈ります。

すると奇跡が起こり、蘇我軍の兵士が放った矢が敵の大将である物部守屋《もりや》に命中。総崩れとなった物部軍は壊滅しました。

こうして戦前の約束を守って厩戸皇子が建てたのが、大阪市に現存する四天王寺です。同じ厩戸皇子が建立した、世界最古の木造建築として知られる法隆寺より創建が古いというのが、四天王寺の〝自慢〟です（ちなみに、四天王寺の建造物群は戦災などで焼失しており、再建されたものです）。

詳しい事情は後述しますが、第32代崇峻《すしゅん》天皇が不慮の死を遂げると、用明天皇の妹である額田部《ぬかたべ》皇女（炊屋姫尊《かしきやひめのみこと》）が「つなぎ」の女帝として即位して推古《すいこ》天皇となります。彼女は兄の子である厩戸皇子を皇太子（次期天皇）とし、天皇の代理を務める「摂政《せっしょう》」に任命して、政務の中枢を任せました。

聖徳太子が建立した四天王寺。

四天王寺の西の入口には寺としては珍しく鳥居がある。上部の扁額には「釈迦如来 転法輪処 当極楽土 東門中心」とあり、つまりは極楽浄土への入口という意味である。

603年（推古11年）に「冠位十二階」の制を定め、出身氏族の血筋ではなく、本人の能力を基準にした人材登用の道を開き、翌年に「十七条憲法」を制定します。このなかに書かれていることの重大性については、あとで詳しく論じます。

研究者が相手にしない、聖徳太子伝説の本当の意味

聖徳太子という人物の一般的なイメージは、いつも穏やかで人の話をよく聞き、けっして怒らない、どこから見ても立派な人、聖人というものでしょう。そして、太子がそういう人柄の人物であったのは幼少のころからだ、というのがいわゆる「聖徳太子伝説」です。主なものを挙げてみましょう。

○太子の母は、夢に金色の僧を見て懐妊した。
○生まれたときから、言葉が話せた。
○2歳のときの春、東のほうへと向き、合掌して「南無仏《なむほとけ》」と唱えた。

○3歳のとき、「桃と松では、どちらが好きなのか?」と尋ねられ、「松が好きです」と答えたところ、その理由を聞かれ「桃の花の盛りは一時ではかないが、松は永遠に枯れることがないから」と語った。
○4歳のとき、いたずらをしているところへ父の用明天皇が現れたところ、ほかの皇子たちは皆逃げたのに、太子だけが残って罰を受けた。
○16歳のとき、用明帝が病に伏すと、帯も解かず袈裟を身につけ香炉を握り、昼夜を問わず看病し、病気平癒を祈った。

ほかにも、8人の訴えを同時に聞き分けたとか、愛馬「黒駒」に乗って富士山まで空を駆けめぐった、のちの奈良の平城京、京都の平安京への遷都を予言した、といったエピソードもあります。これらは、太子が日本の歴史において神格化、超人化されてきたことを物語る、なによりの証拠と言えるでしょう。

ところが、「そんなことなど現実にあったわけないじゃないか、バカ」というのが現代の歴史学の基本的思想(?)であり、「バカなこと」だから研究する価値がないというよ

飛鳥寺本堂に祀られる聖徳太子孝養像。父である用明天皇の病気平癒を祈り、仏に香を捧げる16歳のときの聖徳太子の姿とされる。

うに考えられてきました。

しかし考えるべきは、後世なぜ太子がそこまで神格化、超人化されたのか、ではないでしょうか。

この問題を合理的に追究することは可能でしょうし、だからこそ研究の対象とすることもできるはずなのです。そして、それはとどのつまり、「なぜ『聖徳』という立派な諡をつけられたか?」という疑問の解明にもつながることでしょう。

ようするに、日本の歴史、成り立ちを考えるにあたって、太子がなぜここまで崇拝され続けてきたのかということを、「聖徳太子信仰の発展」などという、あいまいなひと言で済ましてはいけないのです。

聖徳太子が聡明な人物であったことは間違いないでしょう。しかし、子どものころからそうだったのかどうか、本当のところはわかりません。繰り返しますが、では、どうして太子は神格化されてきたのでしょうか。

こうした、「なぜ太子だけが、格別の扱いを受けてきたのか?」という謎を、これから本書で解き明かしていきましょう。

第1章

日本の国家体制を築き上げた、スーパースターの苦悩

中央集権化を進めつつ、諸豪族を次々と追いやった蘇我氏

まずは、聖徳太子が登場するより以前、日本という国がどういう状況にあったかについて、振り返っていきましょう。このことがわからないと太子の果たした役割、そして、その重要性が十分に理解できないと思われるからです。

第26代継体《けいたい》天皇時代の527年、九州北部一帯を押さえる有力豪族であった筑紫国造《ちくしのくにのみやつこ》磐井《いわい》が反乱を起こしました。そこで、朝廷は乱を鎮めるために物部麁鹿火《もののべのあらかひ》らを派遣して磐井を斬ります。

中央政権に刃向かう地方での大反乱は以後なりをひそめ、磐井の子・筑紫葛子《くずこ》は大王《おおきみ》である継体天皇に降伏します。このとき葛子は助命のお礼に、いまの博多付近にあった糟屋《かすやの》屯倉《みやけ》なる一族の領地を献上。それにより、朝廷は北部九州を直轄地として支配することができ、列島全土を支配する足がかりをつかみました。

次の安閑《あんかん》天皇の代になると、東は上毛野《かみつけ》（群馬県）や上総《かずさ》（千葉県）、西は肥《ひ》（火）の国（熊本県）に広がる広大な範囲に、次々と支配拠点である屯倉《みやけ》を設置していきます。現地にもともといた地方豪族の多くは、「国造《くにのみやつこ》」という朝廷直属の地方官に任命され、組織化されていきました。

そして、6世紀なかばには中央の上級役人である大臣《おおおみ》と大連《おおむらじ》が各地の国造を監督する形ができあがり、中央集権がほぼ完成します。

先述の葛子も父のあとを継いで筑紫国造を踏襲。現地にとどまりながら中央政権の下で地方官の職をまっとうすることとなりました。こうした屯倉は地方豪族から取り上げた土地だけでなく、水陸の交通上の要地にも数多く設置され、中央政権の全国支配における地方の要《かなめ》となっていったのです。

さらに、中央集権化を進めるためになによりも必要とされたのは、主に朝鮮半島出身で日本に帰化した渡来人の持つ、進んだ知識や技術でした。たとえば租税の計算には、彼らの有する算術が欠かせず、耕作地を増やすには、やはり彼らの先進土木技術の助けが不可欠だったのです。

540年（欽明天皇元年）に、古くからの渡来人である秦人《はたひと》、漢人《あやひと》に加え、新たに渡来してきた今来漢人《いまきのあやひと》の戸籍を整えたと、『日本書紀』に記されています。彼らを正式に朝廷内に組み入れることが、最重要視されていたというのがわかります。

秦人、漢人というのは、5世紀末に朝鮮半島の加耶《かや》から海を渡ってきた有力豪族の秦氏、東漢氏《やまとのあやうじ》の支配下にあった人々のこと。今来漢人は、その後の6世紀になって渡来した後発の渡来人で、「今来」とは「新しく来た」という意味でしょう。中央集権化の課程で、彼らは一種のテクノクラートとして国土開発、国土運営にあたり、朝廷に直接仕える中・下級の役人集団となっていくのです。

こうした渡来人集団と親しい関係にあったのが蘇我氏でした。蘇我氏は、渡来人の得意とする算術に目をつけ、もともとは朝廷の財政を担当していましたが、蘇我稲目《いなめ》の代になって欽明天皇に接近し大臣となり、ふたりの娘を天皇の妃《ひめ》とします。ちなみに、天皇の正妻を「大后《おおきさき》」、それ以外の后を「妃」と呼んでいました。

それまでの天皇側近の筆頭は軍事に長《た》けた大伴《おおとも》氏で、稲目のライバルは大伴金村《かなむら》でしたが、娘をふたりして天皇のもとに遣《つか》わせたことで、稲目は宮廷第一の勢力となり、大伴氏の上位に立ちます。

大伴氏は金村《かねむら》の代に、第25代武烈《ぶれつ》天皇が死去して跡継《あとつ》ぎがいなくなった朝廷の危機を、越前（福井県）から男大迹王《おおどのおう》を迎えて第26代継体《けいたい》天皇として据《す》えたことをもって救います。そのため、朝廷がもっとも頼みとする豪族でした。

第29代欽明《きんめい》天皇は継体天皇の子です。継体のあと、27代安閑、28代宣化《せんか》と続き、欽明天皇となります。ところが、540年（欽明天皇元年）、朝鮮半島の任那《みまな》という天皇家にとって重要な土地の４県を、大伴金村は百済《くだら》に割譲。しかも百済から賄賂までもらっていたため、これを有力豪族として台頭してきた物部尾輿《おこし》に追及され、金村は失脚させられてしまったのです。

その騒ぎを尻目に、蘇我氏はじわじわと力を蓄えていきました。そして、大伴氏を凌駕《りょうが》する勢力にのしあがり、物部氏と対立するようになっていったのです。

仏教から彫刻、絵画、工芸まで、渡来人の力で花開いた飛鳥文化

仏教伝来は欽明天皇の時代、百済の聖明王《せいめいおう》によるものとされます。

仏教公伝の年代は、古くからふたつの通説がありました。538年とするのが『上宮聖《じょうぐうしょう》徳法王帝説《とくほうおうていせつ》』（聖徳太子の伝記です）、552年とするのが『日本書紀』です。現代では前書の説のほうが有力のようですが、『日本書紀』には、当時の状況がよくわかるこんな記述があります。


仏教が日本に伝わると、蘇我稲目はただちにこの素晴らしい教えを受容しようと主張したが、反目する物部尾輿は案の定、稲目の意見に反対した。

「日本は神々に守られた国であるから、異国の神を入れてはならない」

尾輿の意見を聞いた欽明天皇は、試しに稲目ひとりだけに仏を祀らせることにした。稲目の周りにいた渡来人たちは仏教公伝以前から仏を信仰していたこともあり、稲目は仏教に抵抗がなかったのだ。


朝廷の人々は渡来人の高度な技術を高く評価していたため、仏教に強い関心を持つまでに時間はかかりませんでした。

稲目の子が馬子《うまこ》、尾輿の子が守屋《もりや》です。蘇我馬子と物部守屋のふたりは、父の代にも増して対立を激しくしていきます。そして、欽明天皇の次の第30代敏達《びだつ》天皇の代になると蘇我氏の優位が鮮明になっていったのです。

敏達天皇の大后である額田部《ぬかたべ》皇女（のちの推古天皇）に加え、彼女の兄の橘豊日《たちばなのとよひ》皇子（のちの用明天皇）が仏教徒になるに及んで、朝廷に仕える大半の有力豪族は仏教受容派となります。

敏達天皇が亡くなり、次の用明天皇も病死すると、物部守屋は自分と親しい用明天皇の異母弟である穴穂部《あなほべ》皇子を次の大王に立てるべく動きを見せますが、蘇我馬子は断固これに反対し、戦乱を開いて守屋を敗死させます。その守屋攻撃の軍に参加していたのが、用明天皇の子で14歳になる聖徳太子でした。

聖徳太子の時代は、継体朝以来進められてきた朝廷による中央集権化の流れのなかにあり、太子はそれをより強固で完成度の高い制度として確立することに成功した人物、と言えるでしょう。

太子の指導の下、日本では飛鳥文化と呼ばれる中国風の文化が花開きました。太子以前は、ひと言で言えば大和朝廷以来受け継がれてきた古墳文化の時代です。

奈良県平群町信貴山（しぎさん）の朝護孫子寺（ちょうごそんしじ）にある聖徳太子像。物部守屋討伐の際に、信貴山に立ち寄り戦勝の祈願をし、のちに伽藍を創建したという。

以下に、現代まで伝わる飛鳥時代の主な美術品を挙げてみます。多くが国宝となっているものです。

［彫刻］

（北魏様式）

○法隆寺金堂釈迦三尊像《しゃかさんぞん》（鞍作止利《くらつくりのとり》作・金銅像）

○法隆寺金堂薬師如来像《やくしにょらい》（金銅像）

○法隆寺夢殿救世観音像《ぐぜかんのん》（木造）

○飛鳥寺釈迦如来像（伝鞍作止利作・金銅像）

（南朝・百済などの様式）

○法隆寺百済観音像（木像）

○広隆寺半伽思惟像《はんかしゆい》（木像、百済からの輸入品）

○中宮寺半伽思惟像（木造）

2016年、韓国ソウルの国立中央博物館で展示された中宮寺（左）と韓国国立中央博物館（右）の半跏思惟像。

［絵画］
○法隆寺玉虫厨子《たまむしのずし》扉絵・須弥《しゅみ》座（台座）絵

［工芸］
○法隆寺玉虫厨子・獅子《しし》狩文様錦《かりもんようきん》・竜首《りゅうしゅ》水瓶・金銅灌頂幡《こんどうかんじょうばん》・伎楽面《ぎがくめん》
○中宮寺天寿国繍帳《てんじゅこくしゅうちょう》

飛鳥時代には有力豪族のあいだに仏教が広まり、多くの寺院が建てられました。鞍作止利は、この時代を代表する仏師で、彼と止利派と呼ばれる彼の弟子たちによって、中国北朝風の仏像が多く製作されたのです。

天皇家の悲願だった任那の奪還と、その志半ばで暗殺された崇峻天皇

ここで、太子が登場するに至るいきさつを整理してみます。

崇峻天皇の時代に実権を握ったのは額田部皇女でした。彼女は、王家の嫡流である敏達天皇の大后であったために重んじられたのです。

その額田部皇女と敏達とのあいだには竹田皇子《たけだ》という息子がいましたが、崇峻天皇の即位当時はまだ10歳と幼く、十分な王位継承資格はありません。けれども成人すれば嫡系の大王として、なんの問題もなく次代の王になる予定であり、その存在自体が必然的に朝廷での崇峻の立場を弱めていきました。

「自分はつなぎの飾り物にすぎない……」

そんな不満を募らせた崇峻は、次第に額田部皇女や馬子らと対立していき、592年（崇峻天皇5年）、ついには討たれてしまいます。いや実際は、崇峻は討たれたのではなく、暗殺されたのだという説は現在でも根強く残っていますし、私もそう思います。これについては、あとで詳しく説明していきましょう。

一方、当時の天皇家の悲願、それは朝鮮半島に出兵し、新羅《しらぎ》によって奪われた「内官家《うちつみやけ》」を取り戻すことでした。内官家とは「任那《みまな》」または「伽耶《かや》」と呼ばれ、日本の天皇家の「故郷」ではないかと考えられる土地のこと。ここが先述の百済への4県割譲に続き、562年、新羅に奪われてしまったのです。

先祖の故地に行けなくなってしまった天皇家では、「任那奪回」を子孫への遺言として伝えていきました。

『日本書紀』によると、571年に崩御した欽明天皇は死の床で、のちに敏達天皇となる皇太子の手を取って、こう伝えます。

朕《ちん》は重病である。あとのことを汝《なんじ》に託す。汝は新羅を討って任那を回復せよ。また昔のように『夫婦の国』になるならば死すとも思い残すことはない。

このように、日本と任那は「兄弟の国」どころではなく「夫婦の国」という認識でした。こうして欽明天皇の治世に、任那を新羅に奪われた天皇家は、代々その奪還を家訓として残したのです。

ところが、あとに続いた敏達・用明の両天皇は結局、その宿願を叶えることはできませんでした。

そして用明の次の崇峻天皇の代になって、初めて渡海しての出兵計画が現実のものとなります。５９1年、崇峻天皇は任那復興のため2万の軍勢を九州の筑紫に集結させました。しかしながら、結局この軍勢は玄界灘を渡ることができなかったのです。

その理由はなにか。

当の崇峻天皇が、蘇我馬子の意を受けた東漢直駒《やまとのあやのあたいこま》という部下によって暗殺されてしまったのです。『日本書紀』には、馬子が「東漢直駒をもって天皇を殺させた」と、はっきりと書かれています。しかも東漢直駒は家庭教師として、蘇我馬子の娘で、聖徳太子の妃である刀自古郎女《とじこのいらつめ》に外国語を教えていた。つまり聖徳太子もよく知る人物だったのです。

この崇峻天皇の暗殺は、実は単なる朝廷内の事件にとどまらず、聖徳太子の人生にも大きな影響を与える出来事となります。

崇峻天皇暗殺犯と太子の妻は、不倫関係にあった!?

殺害された崇峻は太子の母の兄弟で、伯父《おじ》にあたります。

ごく身近にいた伯父が暗殺され、その犯人はあろうことか、太子とも顔見知りで、太子の妻の家庭教師を務めていた人物。それだけでも十分ショックであったでしょうが、なんと東漢直駒は、太子の妻である刀自古郎女と不倫関係にあったという説があるのです。

ここからは、作家の豊田有恒氏の説に基づいて説明していきましょう。

崇峻天皇を暗殺してからほどなく、東漢直駒は蘇我馬子の娘であり、すでにさる皇子と結婚していた河上娘《かわかみのいらつめ》をさらって自分の妻とします。それに怒った馬子は、東漢直駒を殺害したのです。『日本書紀』にも、こう記されています。

馬子宿禰《すくね》、（中略）東漢直駒をして、天皇を弑《し》せまつらしむ。（中略）。是の月に、東漢直駒、蘇我嬪《そがのみめ》河上娘を偸隠《ぬす》みて妻《め》とす。（中略）駒、嬪を汙《けが》せる事顯《あらわ》れて、大臣の為に殺されぬ。（『日本書紀』坂本太郎他校注、岩波書店）

蘇我馬子は、東漢直駒を使って、天皇を殺させた。同じ月、東漢直駒は蘇我の嬪（貴人の妻）である河上娘をさらって妻とした。そのことがわかって、駒は大臣（馬子）によって殺された。

これを読めばわかるとおり、「正史」である『日本書紀』には、崇峻天皇の暗殺犯であるはずの駒が、その罪のために殺されたとは一言も書かれていません。

そうではなくて、すでに他家の妻となっている馬子の娘を盗んだため、馬子に殺されたと書かれているのです。

太子の妃は、先ほども述べたように蘇我馬子の娘の刀自古郎女。一方、崇峻天皇の暗殺犯人とされる東漢直駒と密通して、夫の元から逃げた馬子の娘は「河上娘」。これを見れば、たしかに別人となるでしょう。

ところが、時代は下り中世に書かれた『聖誉抄《しょうよしょう》』という書物に、「太子の妃」である「馬子の娘」は「河上娘」であることが明記してある、と豊田氏は指摘しています。

すなわち「河上娘」は「刀自古娘」であったというのです。ちなみに、この太子の妻は、東漢直駒が処刑されると、そのあとを追って自殺してしまったといいます。

濡れ衣で苦悩する聖徳太子と、事件の裏側にいた意外な黒幕説

それにしても、先の『日本書紀』に書かれた崇峻天皇殺害の記述は奇妙ではないでしょうか。天皇が殺されたというのは国家的な事件です。一方、蘇我馬子の娘が「盗まれた」こと（というより「駆け落ちした」と言うほうが正確な気がしますが）は、蘇我氏の家庭問題ともいうべき、きわめて私的な事件といえるでしょう。

東漢直駒を死刑に処するならば、それは天皇を殺した大罪人としてであって、自分の娘と駆け落ちした不倫男として罪に問い、殺すのはおかしいのではないでしょうか。これでは国家として刑罰を科したのではなく、ただたんに馬子が私怨を晴らしただけということになってしまいます。

一体『日本書紀』には、なぜこんな書き方がされているのでしょうか。

豊田氏は、それについても明確な答えを出しています。

すなわち、崇峻天皇暗殺事件の「主犯」は、馬子でも東漢直駒でもないからだ、と言う

のです。

では、誰が真犯人なのか。

実はその第一容疑者は、聖徳太子でした。

歴史を振り返ると、結果として崇峻天皇のあとを継いだのは「日本初の女帝」である推古天皇です。

しかし、「日本最初」という説明書きがつくことからもわかるように、当時一般的には「天皇は男性でなければならない」という常識があったのです。

この「常識」に沿って考えれば、崇峻天皇の後継候補はふたりしかいません。

ひとりは聖徳太子（当時は厩戸皇子）。そして、もうひとりは推古女帝と敏達天皇のあいだに生まれた竹田皇子です。

実は、この竹田皇子についての詳しい記録は残っていません。ですから憶測とはなりますが、おそらくこの当時、竹田皇子は年齢が若すぎて、天皇になる資格はなかったのではないでしょうか。

もし、竹田皇子が「青年」といっていい年齢であったならば、なにもその母である額田部皇女（＝推古天皇）が、日本史上まったく前例のない〝女帝〟となる必要などなかったは

聖徳太子と天皇家の系図

※数字は天皇の代

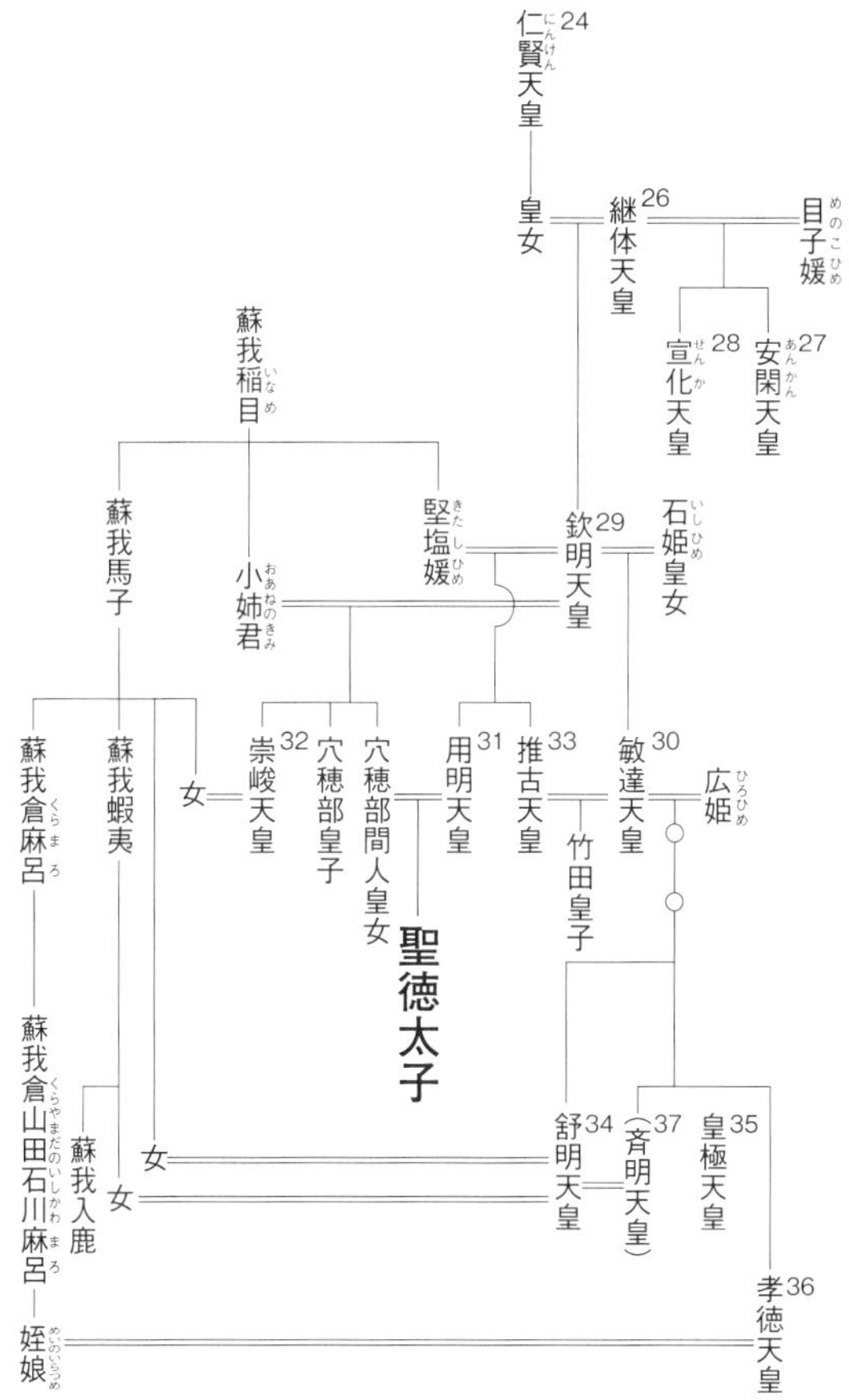

ずです。竹田皇子が即位すればいいわけですから。母親である推古女帝も、息子が天皇になるのに異議があったとは思えません。

しかし、竹田皇子は即位しませんでした。

竹田皇子は子どももおらず、のちに推古天皇より早くこの世を去ります。死んだ年や年齢は一切わかりませんが、早死したことは『日本書紀』の記述で推定できるのです。このことからも、やはり竹田皇子は天皇位を継ぐにしては、あまりにも若すぎたのでしょう。

一方、もうひとりの天皇候補者である聖徳太子は、その当時19歳。かつての日本なら堂々たる大人の年齢です。しかも用明天皇の息子だったわけですから、血筋としても申し分ありません。

つまり、聖徳太子は崇峻天皇の唯一の後継候補者といってもいい人物だったのです。その唯一の候補である聖徳太子が天皇にならなかったため、日本史上初の女帝出現という、きわめて異例な事態が発生しました。

では、どうして聖徳太子は天皇にならず、叔母である推古女帝にその座を譲ったのでしょうか。

それは聖徳太子が天皇になれるような状態ではなかったからだ、と豊田氏は著書『聖徳太子の悲劇』で主張しています。

当時、聖徳太子の家庭環境は、母が太子の異母兄と密通するなど。複雑な状況にあったといいます。

そして、そのとどめとなったのが、崇峻天皇暗殺事件だったのです。

この事件において太子は、もっとも動機があるものとして疑われる立場にいました。なぜなら先述のように、天皇後継者の第一候補だったからです。つまり、「天皇＝伯父殺し」を疑われても仕方のない立場にいたということになります。

無論、太子はそのような陰謀には一切かかわっていません。

しかし、かかわっていないからこそ、自分が事件の黒幕のように疑われることは、大きな精神的ショックとなったはずです。

その結果、太子は天皇の位を継げるような精神状態ではなくなってしまいます。

この事件の黒幕の本当の狙いは、そこにこそあったのです。豊田氏によると、推古天皇、当時の額田部皇女は、崇峻天皇を暗殺し、その黒幕の疑いを太子に転嫁する。

その時点で、額田部皇女が自ら即位するという決意が、あったかどうかはわかりませんが、天皇空位にもちこんで、そのあいだに罪を聖徳太子になすりつけ、息子の竹田皇子擁立の時間を稼ごうとしていたことは間違いない、というのです。

この結論は十分に納得できるものでしょう。

というのも、のちの奈良時代にも女帝が出現しますが、その即位の理由は一部の例外を除いて、年若い自分の子や孫を天皇にするための〝つなぎ〟としてでした。持統《じとう》女帝がそうでしたし、元明《げんめい》・元正《げんしょう》の両女帝も、そうだといえるでしょう。その始まりが推古女帝だったのです、

恩讐を超えて日本のいしずえをつくった、聖徳太子、蘇我馬子、推古天皇

太子の妻は、崇峻天皇暗殺犯と不倫の関係にあったらしい。しかも、その犯人は妻の父の手で殺されてしまう。さらに、妻もそのあとを追って、自ら命を絶ってしまった……。

ここまで説明してきたように、崇峻暗殺当時の太子を取り巻く状況は、このような厳し

いものがあったのです。

ただ、いずれにせよ推古天皇は中継ぎの女帝ということもあったので、実務上から言ってもしかるべき補佐が必要でした。そこで、能力のある聖徳太子が摂政《せっしょう》（大王の代わりに国政にあたる地位）となって実務に当たることになったのです。

593年（推古元年）に摂政に就いたことは、『日本書紀』の記述によっても明らかです。ただし実際には、推古天皇、聖徳太子、そして蘇我馬子の3人が助け合って政治を行ったとされています。

そもそも太子が蘇我系の王族であることは、父・用明天皇が蘇我稲目の娘・堅塩媛《きたしひめ》を母とすることに加え、母・穴穂部間人皇女の母が同じく稲目の娘・小姉君《おあねのきみ》であることからも明らかです。太子は父母の両系統からして、蘇我氏と強い血縁関係にありました。

太子は蘇我系の王族として摂政職に励むこととなります。蘇我氏の配下にあった渡来系中小豪族たちの働きも、太子の活躍を支えてくれたことでしょう。

先述のように太子は、推古天皇の息子・竹田皇子のライバルの立場にありました。推古

蘇我家と天皇家の関係

※数字は天皇の代

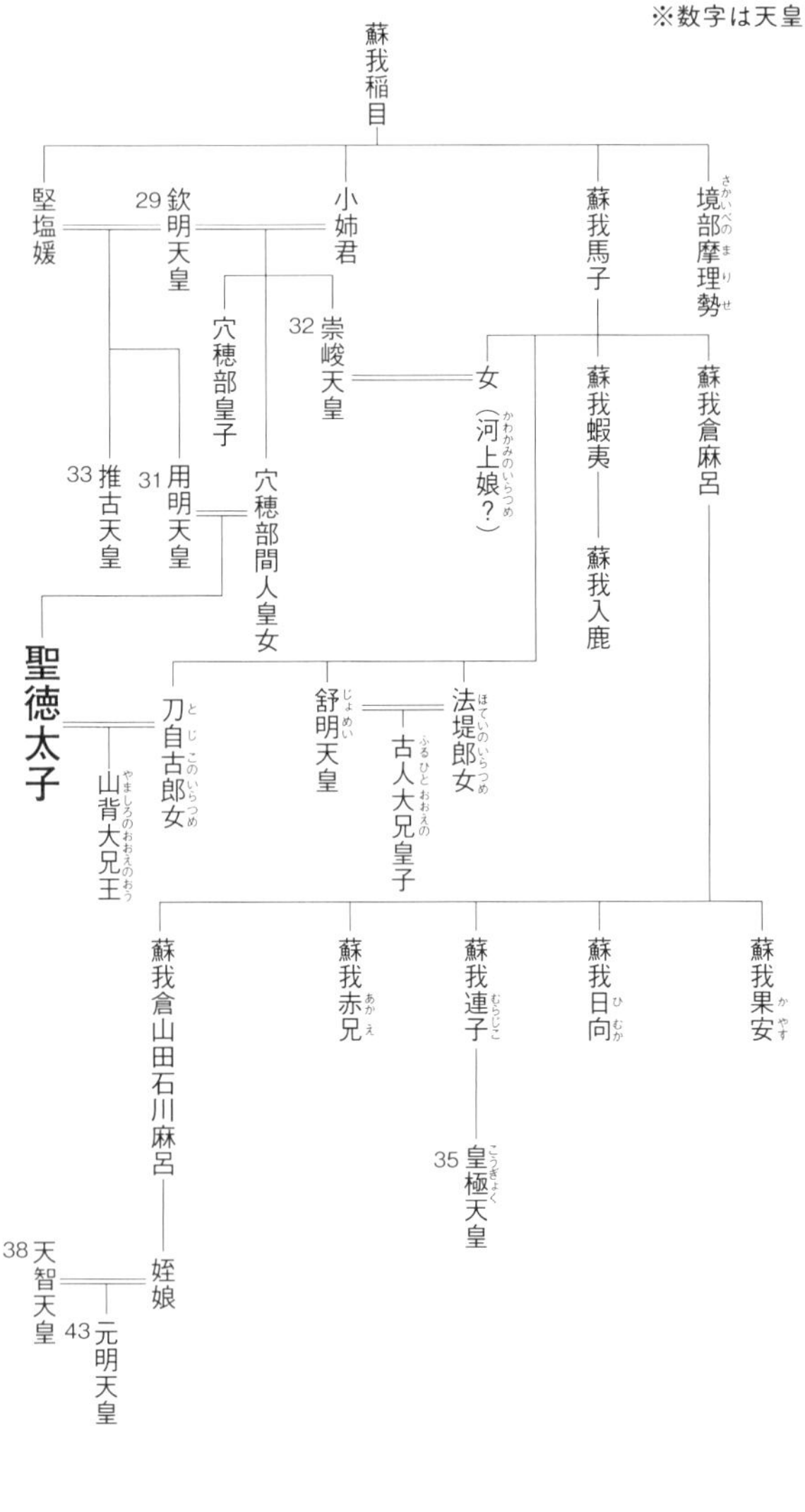

としては自分の腹を痛めた息子・竹田皇子に天皇位を譲りたかったのは当然です。ところが、竹田皇子が早死にしてしまいます。

そもそも竹田皇子は影の薄い皇子で、実在したことはたしかですが、なんの業績も上げることもなく、いつのまにか歴史から消えてしまった存在。先述のように竹田皇子に子がいないことからして、きわめて若いうちに亡くなったと思われます。

そうなると、推古にとっては甥の太子がもっとも近い身内です。改めて太子を見れば、その身内のなかでもとくにすぐれた成年の男子。いろいろないきさつがあったのは説明してきたとおりですが、だからといって能力の面からいっても、摂政に任じて政務を任せたのに、なんの不思議もありません。

ここから太子は、バリバリと後世に残る仕事を進めていくわけです。

国家体制を確固たるものとした、「冠位十二階」と「十七条憲法」

603年（推古11年）に「冠位十二階」を制定し、さらに翌604年（推古12年）に「十七条憲法」を作成したのが、言うまでもなく太子の大きな事蹟です。

冠位十二階とは、役人の序列を明確にして、家柄や出自にこだわらず有能な人材を登用するための新制度。一方、十七条憲法は、役人が守るべき道徳や規範を記したもの。このように、対象はいずれも朝廷の役人です。


太子が定めた冠位は、のちの「大宝律令《たいほうりつりょう》」（701年）に引き継がれ、正一位や従一位に始まる位階の原型となります。中国では「官品制《かんぽん》」と称される、役人の地位確定のための制度がありました。太子は、いわばその〝日本版〟をつくったわけです。

それまでは、朝廷に出仕していた豪族たちは、皆「伴《とも》」として氏族ごとに大王（天皇）に直接仕えており、伴は原則としておのおの独立した存在で、大王の下では平等でした。それを、冠位十二階の制度では、高い冠位を持つ者が冠位に応じて重要な職に就くということにしたのです。そして、低い冠位の者は軽い仕事を担当するか、高い冠位の者を補佐することになりました。

かつて、伴は大王の「朋《とも》」として、一人ひとりが大王と主従関係を持っていたのですが、今度は冠位ごとに職種を分けて、この冠位は財政担当、この冠位は葬礼担当ということとし、氏族の出目ごとに機械的に職種を担当することを廃したのです。

具体的には、次のような冠位が定められました。

大徳・小徳・大仁・小仁・大礼・小礼・大信・小信・大義・小義・大智・小智。

この「仁や「礼」といった名称は、儒教の教えに登場する徳目である「仁・礼・信・義・智」という「五常《ごじょう》」にちなんでいます。

ただし儒教では、本来五常を「仁・義・礼・智・信」と表しますが、冠位一二階が「仁・礼・信・義・智」という順番なのは、古代中国の自然哲学である五行《ごぎょう》思想の「木・火・土・金・水」に対応しているからとのこと。そして、いちばん上の「徳」は、この五常を合わせたものとして最上位に置かれたというのが通説です。

冠位は、天皇から朝廷に仕える人々へ授けられ、授かった人は絹でできた冠をかぶり、色の違いで階級の差が一目でわかるように工夫がされていました。

十七条憲法の重要性については後述しますが、冠位十二階と同じくこちらも、官僚組織を整備して中央集権の実を上げる画期的なものでした。各豪族たちが自家の伝統に基づいて、思い思いの得意分野で朝廷に仕えていた伝統を廃し、朝廷の職務に就くには、大王が

冠位十二階の内訳

地位高い ↑	1		大徳《だいとく》	濃紫《こきむらさき》
	2		小徳《しょうとく》	薄紫《うすむらさき》
	3		大仁《だいにん》	濃青《こきあお》
	4		小仁《しょうにん》	薄青《うすあお》
	5		大礼《だいらい》	濃赤《こきあか》
	6		小礼《しょうらい》	薄赤《うすあか》
	7		大信《だいしん》	濃黄《こきき》
	8		小信《しょうしん》	薄黄《うすき》
	9	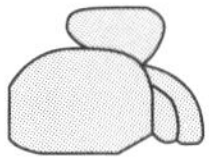	大義《だいぎ》	濃白《こきしろ》
	10		小義《しょうぎ》	薄白《うすしろ》
	11		大智《だいち》	濃黒《こきくろ》
↓ 地位低い	12		小智《しょうち》	薄黒《うすくろ》

定めた法を守らねばならないと規定したのです。

言い換えれば、朝廷に出入りする豪族たちは大王の臣下である、ついてはこれらのことを守れ、と明文化したということになります。

朝鮮半島まで広がった聖徳太子流の仏の教え

610年（推古18年）、高句麗《こうくり》から僧の曇徴《どんちょう》が海を渡ってやってきて、紙や墨の製法や彩《さい》色《しき》（絵具づくり）の技術が伝わりました。太子以前の日本では、紙はつくられていなかったのです。

渡来系の宮廷の書記職が使っていた紙は、すべて輸入品でした。太子は初めて紙を量産させ、それを使って支配層に漢字を学ばせた、といわれています。

蘇我氏という一大豪族を味方につけた渡来僧たちには、農業技術や建築技術、さらには数学、占星術、天文学など、多様な技術、知識に秀でた者が多く、太子のブレーンとして治世を助けていたはずです。

太子が新進の仏教教団から吸収しようとしたのは、これらの先端技術もさることながら、人間のあるべき生き方、後世で言う「哲学」までが含まれていました。おそらく初めて体系的に、仏教哲学を理解しようと試みた日本人は聖徳太子であったでしょう。

太子個人が筆をとったとされる『三経義疏《さんぎょうぎしょ》』が、いまに伝わっています。義疏とは、意味を解説した注釈書のこと。すなわち、『法華経《ほけきょう》』『勝鬘経《しょうまんきょう》』『維摩経《ゆいまきょう》』の三経に注釈を加えた、『勝鬘経義疏』〈伝、611年〈推古天皇19年〉成立〉、『維摩経義疏』〈伝、613年〈推古天皇21年〉成立〉、『法華義疏』〈伝、615年〈推古天皇23年〉成立〉の総称が『三経義疏』です。

その内容は、当時最新の仏教書であった中国・南北朝時代の書物にも見劣りしないクオリティを持っています。

『三経義疏』は、『法華義疏』のみ聖徳太子の手による草稿とされるものが残されていますが、『勝鬘経義疏』と『維摩経義疏』に関しては、のちの時代につくられた写本だけが伝えられています。そのため、それらは太子個人が執筆したものではないとする説もあることは事実です。

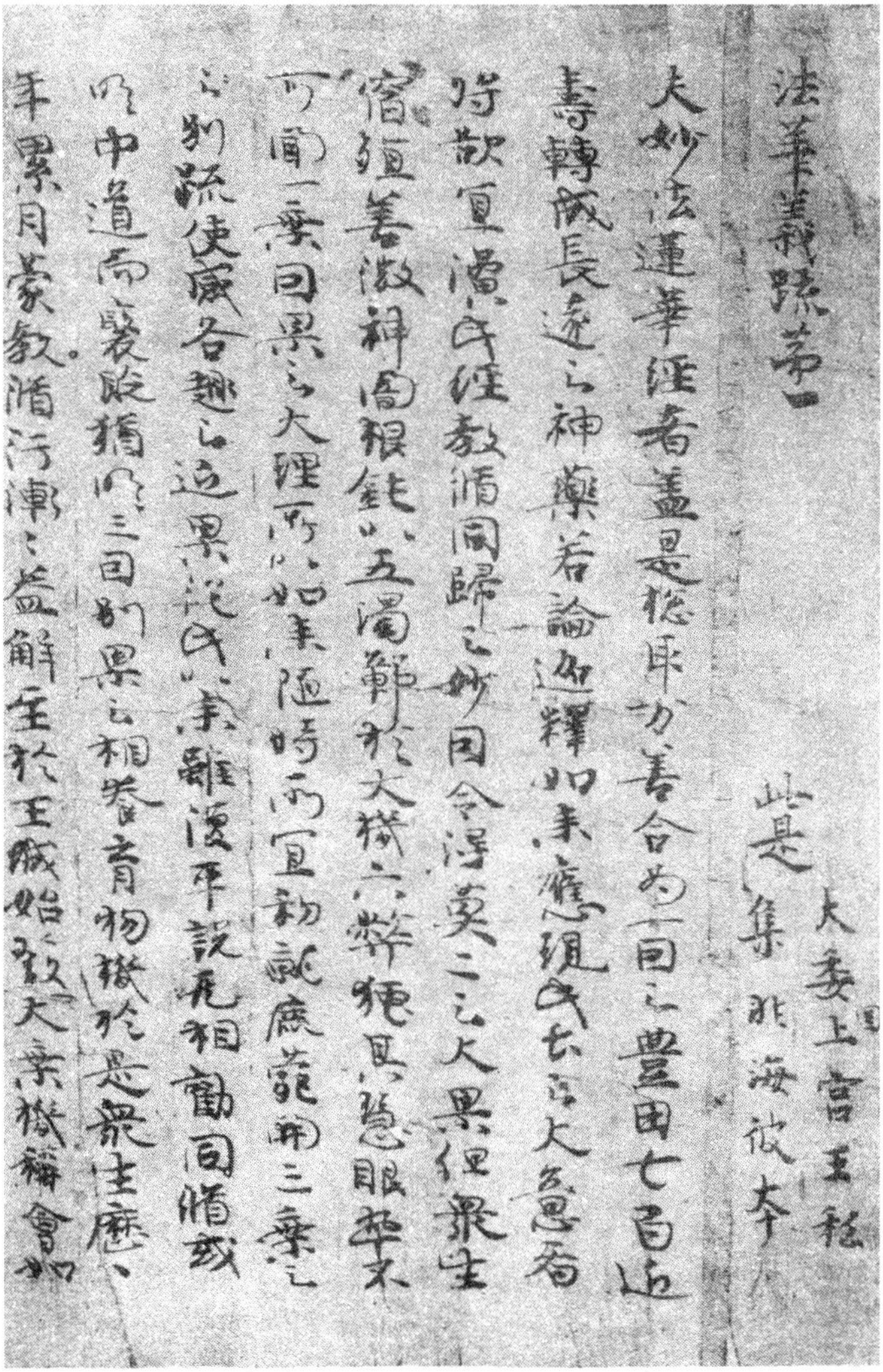

聖徳太子直筆とされる『法華義疏』。

595年（推古天皇3年）に高句麗から来日して、若き日の厩戸皇子の師となり、同じく百済からやってきた慧聡《えそう》とともに「三宝《さんぼう》の棟梁《とうりょう》」と称された僧侶、慧慈《えじ》がいました。慧慈は来日してから20年後の615年（推古天皇23年）に、母国に帰国することとなりますが、その際に『三経義疏』（一説には『法華義疏』のみ）を持ち帰り、その教えを広めたといわれています。

このように、太子が渡来系学問僧と語り合えるだけの仏教知識を持っていたのは、確実なことだったのです。

第2章

日本人のDNAを決定づけた「十七条憲法」の大事な本質

重要なことがすっぽり抜けた、日本史教科書で習う「十七条憲法」

聖徳太子の定めた十七条憲法は、日本史の貴重な史料であることを超えて、私は日本人にとっての文化遺産であると考えています。日本人の持つ根本的信仰を、これほどわかりやすく、的確かつ正確に述べたものはないからです。

十七条憲法の価値は、歴史学者が評価する以上に、日本人は、なにを大切にしているかということを明らかにした点にあるのです。そのことを検証していきましょう。

聖徳太子が十七条憲法で、もっとも伝えたかったことはなにか。

ごく一般的に考えて、書物においても、ルールや規則、法律などにおいても、いちばん大事なことを最初に書くのが普通です。つまり、なによりも言いたいことを冒頭に記載するのが世界の常識ということになります。

その点、十七条憲法の第一条は「一に曰《いわ》く、和を以《もっ》て貴《たっと》しとなし、さかふること無きを宗《むね》とせよ」です。

学校で習う教科書では、十七条憲法の精神を短くまとめて、次のような形で整理しているいることでしょう。

豪族たちに国家の官僚としての自覚を求めるとともに、仏教を新しい政治理念として重んじるものである。

私は、こうした「まとめ」に対して、大いなる違和感があります。

たしかに、こうした「あるべき官僚の心構え」についての記載もありますが、それは「第三条」と「第十二条」でのこと。また、仏教についても同様で、触れているのは「第二条」です。

また、教科書に掲載されている条文も、限られたものではなかったでしょうか。

十七条憲法

一に曰く、和を以て貴しとなし、さかふること無きを宗とせよ。

二に曰く、篤《あつ》く三宝を敬《うやま》へ。
三に曰く、詔《みことのり》を承りては必ず謹《つつし》め、君をば則《すなわ》ち天《あめ》とす、臣をば則ち地《つち》とす。
十二に曰く、国司《くにのみこともち》、国造、百姓《おおみたから》に斂《おさ》めとることなかれ。国に二《ふたり》の君なく、民に両《ふたり》の主なし、率土《くにのうち》の兆民《おおみたから》、王《きみ》を以て主となす。
十七に曰く、それ事《こと》は独《ひと》り断《さだ》むべからず。必ず衆《もろもろ》とともに論《あげつら》ふべし。（『日本書紀』、原漢文）

このように条文が5つしかないことからも、十七条憲法の記載が抜粋であることは、誰の目にも明らかでしょう。ところが、記載されている条文は、これで全文だと思っている人も多いのではないでしょうか。

だとしたら、それは大きな間違いです。これを機に、ぜひとも認識を改めていただきたいと思います。

実は、あとで紹介するように、第一条はもっと長文なのです。ところが、引用部分はきわめて短い。本来なら、第一条の条文には「以下略」とつけるべきでしょう。

また、それに合わせて解説も、きわめて簡略化されています。しかも、前章で紹介した同時期に聖徳太子が制定した「冠位十二階」の説明とセットで扱われる始末……。

たしかに教科書というのは、古代から現代に至る膨大な歴史を一冊の本のなかに収めなければならないので、一つひとつの事象を詳しく説明する余裕がないのはわかります。しかし、簡潔に書くからには、いや簡潔に書くからこそ、そこにはもっとも重要なことを記載しなければならないはず。

それが、学問以前の〝常識〟ではないでしょうか。

ところが、私たちが習ってきた歴史の教科書において、十七条憲法のもっとも重要なポイントとして説明されてきたのは、「豪族たちに国家の官僚としての自覚を求めるとともに、仏教を新しい政治理念として重んじるものであった」ということだけです。

もちろん、これがまったくの間違いだとは言うつもりはありません。ただ、それが十七条憲法の最重要ポイントかと聞かれたら、私は断じて「違う」と言わざるをえません。つまり、学校の教科書は、完全な間違いを犯してきたのです。

もっとも大事な第一条で、太子が本当に伝えたかったこととは？

では、聖徳太子が「十七条憲法」でもっとも伝えたかったことは、なんなのでしょうか。日本を代表する仏教学者である故中村元《なかむらはじめ》氏の訳文を見てみましょう。（『日本の名著 聖徳太子』中央公論社）

第一条
おたがいの心が和らいで協力することが貴いのであって、むやみに反抗することのないようにせよ。それが根本的態度でなければならぬ。ところが人にはそれぞれ党派心があり、大局を見通せる者は少ない。だから主君や父に従わず、あるいは近隣の人びとと争いを起こすようになる。しかしながら、人々が上も下も和らぎ睦まじく話し合いができるならば、ことがらはおのずから道理にかない、何ごとも成しとげられないことはない。

これが、第一条で太子が真に言わんとしたことだと理解していいかと思います。

さらに第一条の精神は、3つのまとまりに分けることができます。

ひとつ目は、お互いの心が和らいで協力し合うことが一番尊い（貴い）という、いわば理想を述べていること。

ふたつ目は、現実的な問題を提議していること。理想はそのとおりだが、人間にはさまざまなグループをつくる心理があり、そのグループ同士が争ってしまうことが常なのだ、としています。

最後の3つ目がそれらの解決策。そんな世の中ではあるけれど、人々が上も下もなく協力して話し合えばうまくいく、大丈夫だ、ということ。

要は「『話し合うこと』が、すべての問題を上手に処理する解決策となるのだ」ということなのです。原文では「和」とありますが、現代的に言い換えるなら「協調」と言ってもいいでしょう。

協調性は、十七条憲法がまとめられておよそ1400年後のいまでも、日本人がもっとも好む特質のひとつといえるでしょう。協調性に欠けると「和を乱す」として嫌われ、排除されてのけ者になってしまうといったことは、皆さんのごくごく身近にもあると思います。「まえがき」で紹介した眞鍋さんの言葉も、結局このことを言っているのです。

お昼に「みんなでラーメンを食べに行こう！」となったとき、自分ひとりだけ「今日はラーメンは食べたくない。ハンバーグがいい」などと言ったら……。

せっかく「今日はラーメンだ！」とまとまりかけていたところに空気の読めないヤツがいたら、周囲の不評を買っても仕方がない。協調性をもって、とにかく仲良くやりましょうということになるでしょう。

「和を以て貴しとなす」にまつわる、ふたつの大きな疑問点

ところで、よくよく考えてみると、この条文にはおかしな点がふたつあります。ひとつは歴史的観点から見てのこと。そして、もうひとつは論理的観点から見てのことです。一体、どういうことでしょうか。

まずひとつ目の歴史的観点からの疑問点について。

これは、「上下の区別なく」というのは、「人は皆平等だ」と言っているに等しい、ということです。十七条憲法は、「平等思想」が広く浸透した現代に書かれたものならいざ知らず、言うまでもなく1400年以上も前に書かれたものです。実際の政治を摂政として一任されていた太子――つまり事実上、国のナンバーワンの座にあった人物がそんなことを言うのは、おかしくはないでしょうか。

古代において為政者の権力は絶大で、その命令は絶対です。部下と話し合う必要などありません。それなのに太子は、天皇の詔、つまり命令に従うよりも、上下の身分に関係なく互いに話し合うほうが大切だと言っているのです。

これは驚くべき「発想の転換」ではないでしょうか。なぜ絶対権力者である太子がこう考えるに至ったのか、そこに思いを馳《は》せることが重要です。

もうひとつの論理的観点からのおかしな点。

それは、「話し合えば物事はおのずから道理にかなない、何事も成し遂げられないことはない」とする部分についてです。

身もフタもない言い方かもしれませんが、本当にそんなことなどあるのでしょうか。
みんなで話し合って決めたら、その結論は必ず正しいものとなるのでしょうか。
誰が決めようと正しいことは正しいし、みんなで話し合って決めても正しくないことは正しくないのではないでしょうか。

にもかかわらず、太子はみんなで話し合ったことは必ず正しいと言うのですから、首をひねらざるをえません。加えて「何事も成し遂げられないことはない」とまで断言しているわけです。

たとえば「次のサッカーワールドカップで日本代表は優勝する！」と、みんなで話し合って決めたとしましょう。しかし、当然のことながら話し合いで決めただけでは、物事は実現しません。

ではなぜ、理屈ではありえない、論理的には説明できないことをあえて太子は言ったのでしょうか。

聖徳太子は仏教信者ではなく、日本独自の「話し合い教」の信者だった！

論理的には説明できなくても、みんながそう思っている。これは、もはや「宗教」あるいは「信仰」と呼ぶしかない現象で、太子は話し合いをすることに絶対の信を置く、「話し合い教」の信者だったということなのです。

「えっ、聖徳太子は仏教の信者だったのでは？」

そう思われた方も多いことでしょう。たしかに聖徳太子は熱心な仏教信者で、十七条憲法の第二条では「篤く三宝を敬へ。三宝とは仏法僧なり」と記していますが、けっして「仏教を信じよ」とまでは述べていません。「仏教は素晴らしい教えなので尊重しなさい」と言っているだけです。しかも、もっとも重要な第一条ではなく、それに順ずる第二条という位置づけなのです。

聖徳太子の篤い仏教信仰の象徴ともいえる法隆寺本堂と五重塔。

そして第三条に至って初めて、「詔を承りては必ず謹め、君をば則ち天とす、臣をば則ち地とす」と、絶対権力者である天皇の詔を遵守《じゅんしゅ》することを説いています。

各条文の順序からすれば、仏教を敬《うやま》うことよりも、天皇を戴《いただ》くことよりも、「和」に基づいた話し合いを絶対視していたことがわかります。

最後の第十七条で、これを〝ダメ押し〟の形で強調しています。再び、中村元氏の訳を見てみましょう。

第十七条

重大なことがらは一人で決定してはならない。かならず多くの人々とともに議論すべきである。小さなことがらは大したことはないから、必ずしも多くの人々に相談する必要はない。ただ重大なことがらを議論するに当たっては、あるいはもしかして過失がありはしないかという疑いがある。だから多くの人々とともに論じ、是非を弁《わきま》えてゆくならば、そのことがらが道理にかなうようになるのである。

十七条憲法において、いったい聖徳太子はなにを言いたかったのか。言い換えれば、太子はなにが日本人にとっていちばん大切であると考えていたのか。

私が思うところを述べてみます。


話し合いが絶対的に正しいということは、とりもなおさず、話し合い以外の方法で決めたことは正しくない、間違っている可能性がある、ということです。

では、話し合い以外の方法とは、なんなのでしょうか。

それはひとりで、つまり独断で物事を決めてしまうということ。

太子はこれを戒めた、ということになります。第一条では話し合いの重要性と正しさを説き、第十七条では独断で物事を決めることの危険性を説いているわけです。つまり、両条項で勧めているのは、いずれも「話し合い」。「和」の精神のもとで話し合いを行え、という、日本人にしてみれば一見当たり前の「常識」なのですが、実はこれこそ、日本独自の思想と言ってもいいものだったのです。

すぐれた国際感覚の持ち主だからこそ気づいた、世界にはなくて日本人にだけあるもの

キリスト教、イスラム教、儒教はもとより、仏教にすらこんな教えはありません。むしろ、これらの宗教に共通するのは、話し合いで重要なことを決めるということを認めていない点です。

「神」（あるいは「仏」）という人間を超越した存在がある限り、神を超えることなど絶対できない人間とのあいだには、決定的な〝格差〟がある。そのため人間は神の教え、神の言うことに絶対的に従うべきだとしているのです（仏教、儒教では「神」という言い方はしませんが、「仏」や「天」は「神」に等しい存在です）。

たとえ「神」の意志が十分に理解できなくても、人はそこに意思も異論も差し挟んではいけない、というのが世界宗教に共通した考えなのです。

論理的には説明できなくても、宗教とは本来そういうもの。聖徳太子の主張も、よくよく考えてみれば前述したように非論理的で、また理不尽です。だから、これを私は日本独

自の「宗教」なのだと考えています。

もちろん、こんな考え方は教科書には一言も書かれていません。つまり、歴史的にも意味のないものとして切り捨てられてしまったと言えるわけですが、日本の歴史や日本人の特性を考えるうえで、太子が強調した日本独自の「話し合い教」なる宗教が、大いに参考になるはずなのです。

日本人が話し合いをことのほか重視するようになったのは、太子が十七条憲法でそのことを書き記したからでしょうか。

私は違うと思います。

いくら為政者が言ったとしても、それが日本人の感性に合わないことであれば人々の心のなかに浸透していくことはありません。私はむしろ、太子の時代の日本社会が、すでに「和」を保つこと、話し合いで物事を決めることが、すべてをうまく回せる確実な方法なのだと「発見」していたのだと思います。

そして太子は、これこそが日本人の特徴だと気づいたからこそ、十七条憲法に盛り込み、明文化したのです。

聖徳太子は非常にすぐれた国際感覚の持ち主でした。古代アジアの国際公用語とも言うべき中国語の読み書きができました。家庭教師は高句麗人でしたから、朝鮮半島の言葉にも通じていました。

『上宮聖徳法王帝説』にある、請願者8人の発した言葉を、漏らさず一度で理解して的確な答えを返したという逸話は、渡来人の行き来する当時の日本での共通言語が、まだ日本語のみに統一されておらず、そのため太子は複数の言語を扱うことができたことを表しているのかもしれません。

外国語で書かれた多くの書物を読み、外来宗教である仏教を信仰し、多くの渡来人との交流を通じて、太子は外国の文化や思想を日本のものと比較し、日本人とはどのような特徴を持つ民族であるのかに気づいたのでしょう。

そして、その特徴こそ「和」であった、と。太子の生きた飛鳥時代には、すでにそれが日本人の特質になっていたのだ、と私は確信しています。

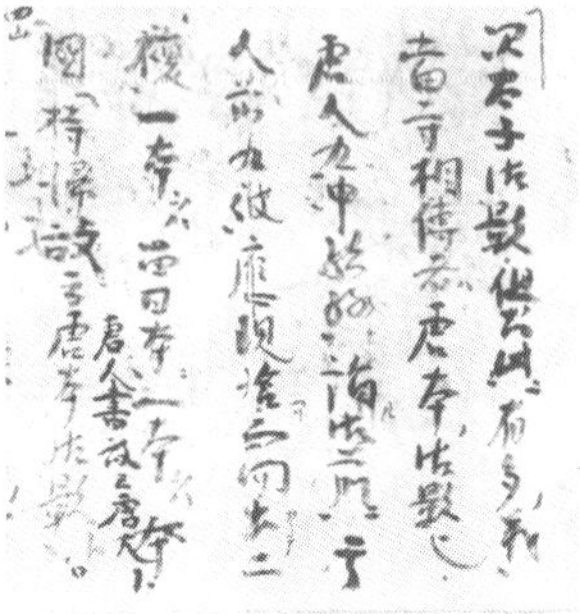

旧1万円札肖像の元となった有名な「聖徳太子二王子像」。太子の右横は山背大兄王とされる。ただし、これは中国からきた唐人が描いたという説が有力。鎌倉時代の僧が書いた『聖徳太子伝私記』（左上）にも、「唐人が描いた」と記されている。

すでに日本神話に組み込まれていた、話し合いで物事を決めることの正統性

実際、日本神話を読み直してみると「話し合い教」のルーツがさかのぼれます。「国譲り神話」はご存じでしょう。

神話では天皇は天照大神（アマテラスオオミカミ）の子孫です。アマテラスは、「秋津洲《あきつしま》」あるいは「豊葦原《とよあしはら》の瑞穂《みずほ》の国」と呼ばれた日本の国に最初からいたのではありません。「高天原《たかまがはら》」と呼ばれる場所（空の上ということになっています）から秋津洲を見下ろして、豊かなその国を自分の孫の国にしようと考えたのです。

しかし、秋津洲は大国主命（オオクニヌシノミコト）の治める国。そこでアマテラスは「孫のニニギノミコトに秋津洲を譲ってくれ」と、オオクニヌシに命じます。

もちろん、これはとんでもない要求です。ある日突然、見ず知らずの人があなたの家にやってきて「ここに私の孫を住まわせたいから、この家を譲れ」と言うようなものですから。「はい、そうですか」となるはずはありません。

即答を避けたオオクニヌシは、ふたりの息子に相談します。兄の事代主（コトシロヌシ）は「そんなバカなことが許されるのか！」と嘆いて、乗っていた船ごと青柴垣《あおふしがき》（海）に「隠れた」とあるので自殺したのでしょう。弟の建御名方（タケミナカタ）は武力で抵抗しますが、敗れ去ります。

オオクニヌシは、「こうなったら、やむをえない」と、アマテラスに国を譲ることをついに承知したのです。

さて、ここで重要なことは、一体なんでしょうか。

それはオオクニヌシが独断で決めずに、ふたりの息子と話し合って「国譲り」を決めていることです。

国を譲られたアマテラスは、このあとに「天壌無窮《てんじょうむきゅう》の神勅《しんちょく》」と呼ばれる神の言葉を述べました。

豊葦原《とよあしはら》の千五百秋《ちいほあき》の瑞穂の國は、是《こ》れ吾《あ》が子孫《うみのこ》の王《きみ》たるべき地《くに》なり。宜《よろ》しく爾皇孫《いましすめみま》就《ゆ》きて治《しら》せ。さきくませ、寶祇《あまつひつぎ》の隆《さか》えまさんこと、當《まさ》に天壌《あめつち》と窮《きわま》りなかるべし。

戦前、国民学校（小学校）の歴史の国定教科書では、この一文が冒頭に載っていました。音訳してみます。

豊葦原の千五百年秋の瑞穂の国（日本のこと）は、これからわが子孫が王として君臨すべき国である。だから私の孫のニニギよ、お前はこの国に行って治めなさい。

「さきくませ（原文表記は行矣）」とは、英語で言えば「Be Happy」、幸せであれという意味です。

「われわれの子孫がこの国で栄えることは、まさに天地が永遠に続くようなものだ」と言っているこの自信！

これがどこからきたものかと言えば、話し合いで決めたからにほかなりません。

実際の歴史では、大国主命とされる先住民族と、「天孫《てんそん》」とされる侵攻してきた民族とのあいだに戦闘はあったでしょう。事実、オオクニヌシがいたとされる出雲の荒神谷《こうじんだに》遺跡からは、300本以上もの銅剣が廃棄されたような形で出土しています。

本当は戦争で奪った国なのに、神話をまとめるに際して天孫族の末裔である大和朝廷は、この国は話し合いで譲ってもらったのだと美化、正統化したのだと考えられます。話し合いで譲られたのならば、自分たちの統治が正統化されると考えたわけです。

つまり、この神話がまとめられた時点ですでに、話し合いで決められたことは必ず正しく、話し合いこそが物事をうまく処理する最善の方法だと人々が信じていたということが、うかがえます。

怨霊を封じ込めるために編み出された、「勝ち組」「負け組」をつくらない仕組み

ではなぜ、そこまで話し合いを最重要視したのでしょうか。

争いが起こって、オオクニヌシや物部守屋のような敗れた側の人が怨みを抱いて憤死すると、怨霊となって「タタリ」をなすと見なされていたからです。

私はこれまで多くの著書で、「怨霊信仰」こそ日本人のバックボーンとして根強く生き続けている神道の根幹であると主張してきました。

改めて簡潔に説明しましょう。

日本はそもそも神の子孫が治める、神々に祝福された豊かな国です。であるならば、本来なら台風や地震のような自然災害、あるいは疫病の流行や戦争といった不幸な出来事は起こるはずがありません。

ところが実際には、そうした災難はたびたび起こっている。どうしてなのか。この矛盾はなぜ生じるのか。

古代の人々は、これを怨霊の仕業《しわざ》であると考えました。天皇が持つ絶大な霊的能力に対抗できるほどの強大なパワーを持っているのは、怨みを飲み込んで死んでいった者、敗者の怨念だけだ、と。

つまり、敗者の「負のエネルギー」が、日本を統《す》べる天皇の「正のエネルギー」に対抗するときに災いが起きる、と位置づけていたのです。

ならば、負のエネルギーをプラスに転じることができれば問題は解決するはず。そのためには怨霊を鎮めることがなによりも大切で、それを手厚く行うために、歴代天皇は怨霊鎮魂を日本の国家的行事としてきました。

怨霊の出現とは、人間の体にたとえれば、重い病気になってしまったということとなるでしょう。こうなると治療が必要ですが、そもそも治療よりも重要なのは病気にならないということ。つまりは予防です。

では、災いをもたらす怨霊を発生させないための予防措置とは、なんでしょうか。それは、争い事を極力避けて「勝ち組」「負け組」をつくらないことです。

争いをすれば必ず負ける側に立つ人が出ます。その人は怨みを抱いて、間違いなくタタリを起こす。だからこそ太子は、「和」がいちばん大切だと言い切ったのです。

勝ち負けが生じる争いではなく、話し合いで決めた決定事項があらゆる権威に優先する、という考え方です。

時代ははるかに下りますが、昭和前期の「2・26事件」のとき、決起した青年将校たちは昭和天皇が彼らの行為を反乱だと認定したあとも「義挙」、つまり自分たちの行いは正義の行動だとの信念を捨てませんでした。

ところが、これは矛盾した話です。なぜなら、「天皇絶対」を掲げて決起したのですから、天皇が「その行動は間違いである」という断を下した段階で、その矛《ほこ》を収めなければならないはずですから。

にもかかわらず、義挙という一点に青年将校たちは固執しました。つまりこれは、天皇に服従することより、自分たちが話し合いで決めたことのほうが正しい、という「信仰」があったということなのです。

太子が掲げた「話し合い教」とも言える日本独自の「宗教」は、公文書をたどっていくだけでも、為政者から常に信じられ続けていたことがわかります。

十七条憲法から約1200年後のこと。1868年（慶応4年）、日本は明治維新を迎え、新政府は「五箇条の御誓文」を発します。その第一条は次のようなものでした。

「広ク会議ヲ興《おこ》シ万機公論ニ決スベシ」

誓文とは誓いの言葉。要するに五箇条の御誓文とは、新しく生まれ変わった日本がどのように国を運営していくかを宣言したものなのです。

では、誰が誰に対して誓ったのか。

これは明治天皇が祖先に対して誓ったもので、いわば神に対して誓うと言うのと同義となります。

この第一条は、ごく簡単に言えば「何事もみんなで話し合って決めましょう」ということ。そう、十七条憲法と文言こそ違えど内容は同じなのです。日本人が「和」を最重要視する「話し合い絶対主義者」であり続けたことが、ここでも明確にわかるでしょう。

「話し合い絶対主義」が生み落とした、誰も責任を取らない「無責任主義」

繰り返しますが、「話し合い絶対主義」の重要なポイントである「話し合ったことは必ず正しいし、うまくいく」という考えが、日本において宗教的な信仰にまでなってしまったことによって、問題点、マイナスも生み出されてしまったと思います。

多くの日本人は、自分がそうした信仰を持っていることを自覚しないままに行動していますが、実はその弊害も多くあるのです。

たとえば官庁や企業には、抜きがたく「稟議書文化《りんぎしょ》」なるものが残っています。稟議書は、会議を開くほど重要ではない案件について承認を得るために、関係者のあいだで回される書類のことです。

関係者は回ってきた稟議書の内容に異論がなければ、判を捺《お》して次の人に回します。異を唱える人はまずいません。

「最初から捺印してもらえるとわかっている書類を、なぜわざわざ作成して回すの？」

「最終の裁量権が与えられている人に、さっさと見てもらって判を捺してもらえば、それでいいのでは？」

合理的に考えれば、このような疑問が生じることでしょう。

しかし、日本の組織でこれをやると、その人は〝ワンマン〟と言われて悪者扱いされてしまいます。ワンマンの説明として、『広辞苑』に「他人の意見や世評を顧みず、自分の思うままに振る舞う人」とあるように、日本においては独断で物事を決める人は悪人とされてしまうのです。

日本人は、みんなが話し合って決めたことは必ず正しく成功する、と信じています。ということは裏を返せば、たとえそれほど重大な事柄でなくとも、ひとりで決めるのはよくないと思っているということ。あえて口には出さなくても、心のなかではそうなのです。

ここまでくると、なぜ非合理的な稟議書が日本の社会で重視されているのか、その理由について理解できたのではないでしょうか。

つまり稟議書は、関係者全員が判をつくことで、紙の上で「みんなで話し合った」という建前をつくりだしているわけなのです。

こんなものは、世界中探しても日本にしかありません。

「話し合い絶対主義」の問題がどこにあるか、皆さんはもうおわかりでしょう。

物事を「話し合い」で決めたために責任を取る人がいなくなってしまうのです。下手をすると、話し合い、あるいは稟議書の回覧に関与したすべての関係者が責任者、ということになりかねません。

時代は下り、日本が太平洋戦争に負けポツダム宣言を受諾したとき、終戦処理に当たった東《ひがし》久《く》邇宮《にのみや》稔彦《なるひこ》内閣は国を代表してなんと言ったか。

「一《いち》億《おく》総《そう》懺《ざん》悔《げ》」と言ったのです。

他国では絶対出てこない言葉でしょう。「一億」とは日本国民すべてという意味です。

通常、戦争責任者は誰かというと、戦争をする決定権を持つ人のことを指すのですから、明確にわかるはずです。

ところが日本では、みんなで決めて戦争をしたのだという意識があったということ。もちろん、昭和天皇個人の戦争責任を防ぐ意図もそこにはあったのでしょうが、「この戦争は日本人全員がみんなでやりました。だからみんなで謝りましょう」という「一億総懺悔」なる奇怪な言葉が出てきたのは、ひとえに「大事なことは、みんなで話し合って決める」という日本独自の信仰が、その背景にあったからとしか言いようがありません。

責任とは、本来は立場によって大小あるものです。上から下まで、みんなが平等に同じ責任を負うなどということは、原則としてありえません。

ところが「話し合い社会」では一歩間違うと、このありえない「平等」が暗黙のうちに成立してしまうことがあります。

「全員が責任者なんてことある？」

そう思う人も、実は知らず知らずのうちに責任者となっているかもしれないのです。本来、そんな理不尽なことはこの世にないはずなのですが、誰もが責任を取りたくないとなった場合、恐ろしいことに事件そのものを隠蔽してしまうことにもなりかねません。これが「話し合い教」の大きな弊害なのです。

日本ではいまでも、責任者が誰なのかわからないといった、省ぐるみ、会社ぐるみの犯罪があとを絶ちません。

「みんなで決めたことは私たちにとっては正しいことだし、そのとおりにしなければ、組織、集団からはじき出されてしまう……」

いまでも私たちは心のどこかで、そう信じているのではないでしょうか。

強力な指導者の代わりに設けられた、なにも決められない最重要会議

私たち日本人は実際、話し合いでは解決しない、話し合いはけっして万能ではないという苦い経験も、身をもって味わってきました。

1941年（昭和16年）5月22日、首相官邸において第2次近衛文麿《このえふみまろ》内閣の大本営政府連絡会議が開かれました。ちょうど、世界中で戦争が拡大しつつあった時期のこと。欧米各国では危機を乗り切ろうと、指導者たちに一国の権限が集中されていました。アメリカのフランクリン・ルーズベルト、イギリスのジョージ・チャーチル、ソ連のヨシフ・スターリン、そしてご存じドイツのアドルフ・ヒトラーたちです。迅速に決定を下すことで、自国の民と領土を守ろうとしたため、必然的に独裁者、あるいはそれに準ずるような力を持つ指導者が、各国で誕生したのです。

ところが、対する日本には突出した権力者は存在していません。

たしかに内閣の首班として、近衛文麿が表向きの舵取りを任されてはいました。しかしながら、国家の運営は制度上、各国務大臣と、統帥権を担う軍のトップが天皇に対して対等に責任を負っている形だったのです。

1937年（昭和12年）7月、盧溝橋《ろこうきょう》事件をきっかけに日中戦争に日本が突入すると、翌年から国際連盟加盟各国が、日本に対し資源の輸出禁止など対日経済制裁に乗り出しました。

一方、のちに戦火を交《まじ》えることになるアメリカは、国際連盟に加盟しておらず、該当する国内法もなかったため、日本への経済制裁を行っていませんでした。

しかし、1940年（昭和15年）に明治時代に締結された日米通商航海条約が失効し、同年9月、日本軍が仏領インドシナに進駐すると、くず鉄や鉄鋼の対日輸出を禁止。さらに翌年、南部仏印にまで日本が勢力を広げていくと石油の輸出を禁止するなど、日本に対する経済的な締めつけを強めていったのです。

当時、日本は石油の大半をアメリカに頼っていました。そこで、対日経済制裁を解除してもらう日米交渉に見込みはあるのか、それとも交渉以外に道はあるのか。前述の大本営政府連絡会議の出席者たちは、おのおのの主張を声高《こわだか》に張り上げます。

そもそも連絡会議は、日中戦争勃発後の1937年11月20日、大本営設置と同時に戦争指導の一元化を図るべく、統帥部と政府の連絡調整機関として設置されました。政府側からは首相、外務大臣、軍からは陸・海軍大臣、陸海軍統帥部の両部長が顔を揃える、実質的な日本の最高意思決定機関です。

重要な国家方針は天皇が臨席する御前会議にかけられますが、そこでは天皇の承認を受けるのみ。日本の針路は、連絡会議で決められていたのです。

では、連絡会議での「話し合い」の実態はどのようなものだったのでしょうか。

日本は戦争に突き進むなか、なにを、どのように話し合ってきたのか？

討議される国策の原案は、まず陸・海軍省、外務省の部課長クラスが策定し、それをもとに練り上げた文案を、さらに部局長レベルで省と統帥部の擦り合わせを行ったうえで、ようやく連絡会議に上げられます。

つまり、連絡会議に上がってくる国策案は、すでに多くの関係者への根回しが済んでいるものだったのです。とはいえ、その段階では必ずしも連絡会議の出席者全員に了解を得ていたわけではなく、会議の大原則として出席者に反対者がひとりでも出れば、御前会議に諮《はか》ることはできませんでした。御前会議に上げるには、連絡会議の全会一致の決議が必要不可欠だったのです。

連絡会議では各代表が対等であり、議論が割れても首相には閣僚や統帥部の意見を裁定する権限はありませんでした。ということは、会議が決裂すればその収拾手段はなく、最後は内閣が全責任を取って辞職する以外の選択肢がなかったのです。

そのため連絡会議は、各組織の要望を均等に反映させることがなによりも重視され、その結果、決定はあいまいで実態のないものとなってしまいました。要は、国家の命運を決めるいちばん大事なときに開かれていたにもかかわらず、なにも決められない「話し合い」を、ただ繰り返しただけだったのです。

なにも決まらなければ、必然的に「具体的なことは次回の会議で」となり、連絡会議はたびたび開かれます。そこで陸軍は、ドイツとの戦争で手いっぱいになったソ連を叩けと「北進論」を主張。一方の海軍は、南方の資源を確保すべく「南進論」を主張するなど、それぞれ自分たちに都合のいいことばかり訴えていました。

その結果どうしたか。

陸・海軍首脳はこれを受けて、連絡会議で「併記案」を通してしまったのです。

1941年7月2日、御前会議において「情勢ノ推移ニ伴フ帝国国策要綱」が決定されました。そこでは、今後日本が採るべき選択肢を「外交交渉」「北進」「南進」のいずれかに絞ることなく、「すべて進める」という総花的なものになってしまったのです。つまり、なにも決まらなかった、ということになります。

要綱の最後に記されたのは「具体的措置ニ関シテハ別ニ之ヲ定ム」という一文で、あくまで決定は先送り。準備だけはしておきましょう、ということで終わってしまったのです。話し合いで決めることをあくまで是とした日本型決定システムが、まとまらずに「非決定」という先送りを繰り返して、ついには逃げ場を失い「機能不全」に陥った、哀しい〝好例〟といえるでしょう。

10月12日になって近衛首相は、軍の統帥部をあえて外して、陸・海軍大臣、外務大臣、企画院総裁の4人のみを私邸に呼んで極秘に会議を開きました。ところが、そこでも話はまとまらず、下駄を預けられた近衛首相は、万策尽きて16日に内閣を投げ出し総辞職をしてしまいます。

あとを受けての首相は、陸軍大臣を務めていた東条英機《とうじょうひでき》。もはや、話し合いによる解決は不可能でした。

日本的「話し合い教」のシンボルとなった、繰り返される「談合」事件

みんなで話し合って上手に落としどころを探りましょう、不平不満が残らないようにうまく事を収めましょう、というのが「話し合い」の精神です。この考えの源がどこにあるのかを、聖徳太子はよくわかっていたのだと思います。

公共事業を入札する際に、談合という「悪弊」が根強く存在することをご存じの方も多いことでしょう。近くは、リニア中央新幹線の工事をめぐって、大手ゼネコン4社による談合が発覚し、マスコミの糾弾を浴びました。

しかし、私はこうした報道を見ても、まったく驚きません。なぜなら、日本は太古から、いうなれば「談合社会」であったことを知っているからです。

談合が法治国家において違法行為であることは、もちろん承知しています。それでも性懲りもなく、規模の大小、地方、中央政府を問わず、次から次へと談合事件が続いていく。

その背景には、西洋社会とは違った日本独特の歴史的な遺伝子があるに違いありません。誰かが公然とそれを認め、推奨したから、今日までまかり通ってきたのでしょう。

かつて私は政治記者として、テレビ局の報道局で働いていたことがあります。建設省（現・国土交通省）を担当したこともあり、多くの談合事件を取材しました。

日本の公共事業は、発注元の国や自治体が、どの事業者に工事を請け負わすかを、基本的に「競争入札」で決定します。

仕事を取りたい業者が、請け負い金額を独自に算定したうえで申告し、希望各社が出したその見積もり額のなかで、いちばん安い金額を提示した企業が受注を勝ち取る、というものです。

公共事業の源資は税金ですから、安く発注すれば税金の節約がなされることになります。だから、少しでも発注額が下がるよう入札を行うわけです。一方、当然のことながら各社は、他社よりも1円でも安い金額を提示するために必死の努力をし、無理に無理を重ねて受注金額を確定します。

一見すると合理的で、「競争入札のどこが悪い」と言われそうですが、実は問題が多々あります。

たとえば、血のにじむ努力をして値段を下げた分、しわ寄せは社員や下請け企業に集中することになるわけです。

そうなると、労働強化を余儀なくされて儲からないのに、こんなに働かされるのかと、社内、下請け、さらには孫請けと不平不満が連鎖していきます。また、純粋に価格競争に徹すれば資本力の大きな大企業が圧倒的に有利となり、いつも特定の会社のみが仕事を受注することになってしまうでしょう。

「自由競争となれば、入札価格も下がる」と言えば聞こえはいいですが、実質はダンピング競争です。

価格を下げた分、企業の利益は少なくなり、最後は下請け、孫請け、ひ孫請けと下に行くにしたがって骨の削り合いのような形となり、どこかの段階でなにか予期せぬことが起きれば、最悪の場合、連鎖倒産、共倒れとなります。

こういう、あってはならない、起きてほしくないことを回避するために自然と生まれたのが「談合」なのです。

談合とは、入札前に競合する各社の代表がこっそり集まって、どの社がなにを落札するか、あらかじめ相談して決めてしまうこと。先ほど述べた、自由競争で生じる社内や業界内の不平不満に対する対抗策です。

企業は社員を抱え、社員は家族を抱えています。みんなの生活を守るには、業界のなかで話し合いをし、順繰りに仕事を回していければいい。

「今回はそちらが取ってください。その代わり次はうちに回してくださいね」というのが、談合をする側の理屈です。

彼らとて、これが法に反していることはよくよく知っています。けれども、悪いことだという認識はある一方で、自分たちの談合の原理は法律よりも、ある意味正しいのだと信じているのです。そうでなければ、法を破ってまで談合を繰り返す理由がありません。「談合は必要悪だ、法はそこをわかっていない」と思っているのです。

みんなで話し合い、そこで決めたことを行うことこそが正しいことなのだ、という考えは、日本人にとって信仰に近いものなのです。そのことを聖徳太子は、すでに1400年前に見抜いていたのだと思います。

先ほどの談合がいいか悪いか、というレベルの話ではありません。社会が壊れないためには、やはり話し合いこそがいちばん有効……。

日本という国、そして日本人のそうした特質をいち早く理解し、それを政治理念として標榜していたところにこそ、聖徳太子のすごさが表れているのです。

第3章

聖徳太子の強硬外交と、謎に満ちたその最期

外交的にきわめて非常識だった、「日出ずる処の天子」の国書

時計の針を再び、飛鳥へと巻き戻しましょう。

当時、推古天皇の摂政として政治の全権を握っていた聖徳太子は、中国の仏教教団の知識を得るために、日本から留学生、留学僧を送り込もうと考えていました。そして６０７年（推古天皇15年）、「遣隋使」として小野妹子《おののいもこ》を派遣します。

なお、小野妹子は名前から女性と思われている方もいるかもしれませんが、男性の役人です。本書でも登場した蘇我馬子のように、当時、男性の名前に「子」の字をつけるのは、ごくごく普通のことでした。

さて、中国では南北朝の混乱がようやく終わり、５８９年に隋が中国を統一します。特筆すべきは、聖徳太子は5世紀の「倭《わ》の五王」のように、中国の臣下となって国王に任命されるという国家方針を取らなかったことです。

4世紀の小国分立（五胡十六国）の時代を経て、中国は南は宋、北は北魏の二国が統一されました。当時「倭」と称された日本の「五王」が使者を送ったのが宋です。倭の五王とは中国の史書『宋書』に記された「讃《さん》」「珍《ちん》」「済《せい》」「興《こう》」「武《ぶ》」のことで、武は第21代雄略《ゆうりゃく》天皇とされています。

しかし、この倭王の時代以来、ほぼ1世紀にわたり、日本と中国との直接交渉は途絶えていました。

その後、先述のように日本の崇峻天皇2年（589年）に隋が中国全土統一を果たすと、強大なる大帝国となった隋に対して日本は直接交渉を復活させます。それが遣隋使です。

太子の命を受けて小野妹子が携《たずさ》えていった国書は、あまりにも有名です。

日《ひ》出《い》ずる処《ところ》の天子、書を日没《ひぼっ》する処《ところ》の天子に致《いた》す。恙無《つつがな》きや云々。

（『隋書倭国伝』原文は漢文）

これがいかにとんでもない手紙か、おわかりでしょうか。

そもそも、天子から天子へ書を「致す」としています。「奉《たてまつ》る」ではありません。「奉る」

なら、頭を下げている感じがありますが「致す」ではたんに手紙を「出した」ということにしかならないのです。

つまり、「そちらに手紙を送るよ。どう、元気ですか?」くらいのニュアンスだということ。これは、どう考えても対等の言葉遣い、つまりは〝タメ口〟です。

当然のことながら、隋の皇帝煬帝《ようだい》は怒ります。当時の外交常識からすれば、非常識の極《きわ》みなのですから。


中国の歴史を貫く「中華思想」においては、中原《ちゅうげん》と呼ばれる中国大陸の中心部だけが〝文明国〟で、周辺の国々は文明に浴さない野蛮な地域。いや、正確に言えば国ですらなく、野蛮人の住む未開の地にすぎません。

日本は中国から見て東にあるので「東夷《とうい》」。北は北狄《ほくてき》、南は南蛮《なんばん》、西は西戎《せいじゅう》と蔑称をもって中国が周辺国と接したのは、ご存じの方も多いことでしょう。

野蛮な地に住む「族長」でも、中国の都にのぼって貢物を差し出せば、中国皇帝の寛大なおぼしめしによって「王」として認められます。

つまりは衛星国として認知され、皇帝の臣下であることを許されるのです。逆に言えば、

郵便はがき

料金受取人払郵便

牛込局承認

8133

差出有効期間
2023年8月19
日まで
切手はいりません

162-8790

東京都新宿区矢来町114番地
神楽坂高橋ビル5F

株式会社ビジネス社

愛読者係 行

ご住所 〒 TEL:　(　　)　FAX:　(　　)			
フリガナ お名前		年齢	性別 男・女
ご職業	メールアドレスまたはFAX メールまたはFAXによる新刊案内をご希望の方は、ご記入下さい。		
お買い上げ日・書店名 年　月　日　市区町村　書店			

ご購読ありがとうございました。今後の出版企画の参考に
致したいと存じますので、ぜひご意見をお聞かせください。

書籍名

お買い求めの動機
1　書店で見て　2　新聞広告（紙名　　　　　　　　）
3　書評・新刊紹介（掲載紙名　　　　　　　　）
4　知人・同僚のすすめ　5　上司、先生のすすめ　6　その他

本書の装幀（カバー），デザインなどに関するご感想
1　洒落ていた　2　めだっていた　3　タイトルがよい
4　まあまあ　5　よくない　6　その他(　　　　　　　　)

本書の定価についてご意見をお聞かせください
1　高い　2　安い　3　手ごろ　4　その他(　　　　　　　　)

本書についてご意見をお聞かせください

どんな出版をご希望ですか（著者、テーマなど）

けっして〝対等の外交〟などというものは認められず、そんな関係など概念として、はなから存在してはいませんでした。

事実、「倭の五王」のうちの武は、宋の皇帝から「安東大将軍　倭王」という称号を授かっていましたし、それ以前には、魏に使いを出した卑弥呼は「親魏倭王」の称号をもらっていました。

江戸時代に「倭奴国王」と記された金印が出土して有名になった「奴《な》国《こく》」の王も、中国に「倭国王」にしてもらっていたわけです。

これはつまり、自らが治める地域の支配権を、中国という強大な「親分」に認めてもらい、中国に後見人になってもらったということ。これが、いわゆる「冊《さく》封《ほう》体制」と呼ばれる政治スタイルです。

その結果、中国と周辺諸国は、他国の侵略などで子分（＝日本や朝鮮、東南アジア諸国など）に困ることがあれば親分（＝中国）は助けなければならないという、一種の「ギブ・アンド・テイク」の関係となりました。

聖徳太子の最初の業績は、朝鮮への出兵計画だった！

このことを知ると、太子の国書がいかに当時の外交常識から外れたものであるかが、おわかりになるでしょう。

隋から見たら、きわめて無礼な国書であり、それを何食わぬ顔で渡すというのは、まるで虎のヒゲをなぶるような危険な行為だったのです。

無礼な国書は外交上、十分に開戦の動機になりうるというのが、この時代の常識でした。そう考えれば、聖徳太子のせいで日本は危うい綱渡りを余儀なくされたとも、一歩間違えば重大な国難に遭遇したとも言えるでしょう。

この国書の件は『日本書紀』には記載がなく、唯一記載されている『隋書倭国伝』にも、国書に対して隋がどのような返書を与えたかの記述はありません。なぜないのかと言うと、小野妹子は帰国途中に「百済人に隋の国書を掠《かす》め取られた」からなのです。『日本書紀』にもはっきりとそう書いてあります。

遣隋使として二度、隋に渡った小野妹子の墓といわれる大阪府太子町の廟。ただし、滋賀県大津市の唐臼山（からうすやま）古墳が墓所という説もある。

しかし実際のところ、このエピソードはもちろんウソでしょう。おそらくその返書には、日本の無礼を叱責する文言が並んでいたに違いありません。妹子は、おそらく外交上の配慮から返書をわざとなくしたのでしょう。

それにしても、隋からの侵攻を招きかねない危険な国書をなぜ発したのか。ある意味「和」の精神とはほど遠い、武断的なふるまいともいえるでしょう。

けれども、それが聖徳太子の一般的な評価だけでは知りえない〝顔〟なのです。実は『日本書紀』に登場する聖徳太子の最初の大きな業績は、前章でも紹介した冠位十二階や十七条憲法ではありません。朝鮮半島への出兵計画なのです。

第1章でも説明したように、天皇家にとって、新羅に奪い取られた任那の地を取り戻すのは、大いなる悲願でした。

そこで602年、推古女帝の摂政となって10年目の春、太子は実弟の来目《くめ》皇子を新羅討伐の将軍に任じ、2万5000人もの軍勢を与えたのです。そして来目皇子は九州の筑紫へと向かい、朝鮮遠征がいよいよ現実のものとなります。ところが、そこで突然不幸が起こりました。

来目皇子が病に倒れたのです。

この病はとうとう回復せず、皇子は九州で亡くなりました。そして総司令官の急死で、遠征は取りやめとなります。

ところが、太子はこんなことではあきらめません。というのも、新羅と戦って負けたわけではないからです。

そこで、ただちに来目皇子の異母兄である当麻《たいま》皇子を将軍に任じました。ところが、ここでまた不幸が起こります。

今度は九州へ向かう途上で、当麻皇子の妻が亡くなったのです。

結局、当麻皇子は帰京し、遠征は中止になりました。

いまの人からすると、「なんとなく、だらしない」という感じがしないでもありませんが、それはやはり現代的感覚というものでしょう。

古代の人々は、こうした病気や事故を偶然のものとは考えず、なんらかの超自然的な意志（神仏や怨霊）が働いた結果ではないかと考えていました。総司令官が病死し、続いて新司令官の妻がやはり亡くなったということに対して、それを天の〝警告〟と受け取ったとしても、なんら不思議はなかったのです。

「新羅」という国名に隠された、日本の根深い憎しみ

それにしても、日本の新羅に対する憎しみは、相当なものがあったといえるのではないでしょうか。

実はそれは、「新羅」という国名をどう読むかにも表れています。

この漢字を普通に読めば「シンラ」となるはずなのに、なぜあえて「シラギ」と読むのでしょうか。

現代朝鮮語では、新羅は「シルラ」に近い音で発音します（カナでは正確に書けません）。現代朝鮮語では『万葉集』は読めないというのが私の持論ですが、地名の読み方については「言葉の化石」というくらい変わらないもの。それなのになぜ、「シルラ」に近い「シンラ」と読まず、「シラギ」と読むのでしょうか。

実は新羅と書いて「シンラ」という読み方もなくはありません。

たとえば源氏の有名な武将で新羅《しんら》三郎《さぶろう》義光《よしみつ》という人がいます。この武人が、なぜ新羅と

いう名前なのか。それは比叡山と並ぶ天台宗の大寺である三井寺《みいでら》にある、新羅明神の前で元服式を挙げたという伝説があるからです。

この新羅明神も「シンラ」。

つまり、ここで考えられることは、神や武将の名前としては「シンラ」と読むのだから、やはり「シンラ」のほうが本来の言い方であって、「シラギ」というのは特殊な読み方ではないかということです。

この点について韓国の朴炳植《パクビョンシク》氏は「日本書紀の編纂には百済人の学者が多数参加しており、彼らが故国を滅ぼした新羅に対する恨みから、新羅＝シラギと読ませたのだ。シラギとは『新羅の奴ら』の意味である」という主旨のことを言っています。

つまり「ジャパニーズ」ではなく「ジャップ」と言うのと同様だというわけです。私は朴氏の理論には賛成できない点が多いですが、これに関しては正しいのではないかと思っています。いかにもありそうなことでしょう。

そういえば、百済も現代朝鮮語では「ペクチェ」なのに、なぜ「クダラ」と読むのでしょうか。これは、朝鮮語の「クン・ナラ」（大国）に由来するのではないか、という説があります。

ただし、ひと言お断りしておくと、先ほど『万葉集』は現代朝鮮語では読めないと言いましたが、なにも私は朝鮮語と日本語の関係を、全面的に否定しているわけではありません。新羅、百済に関しては、あちらの地名を日本がどう読むかという問題なのです。

とにもかくにも、聖徳太子の「新羅征伐」計画は挫折に終わりました。

しかし、同じころ、太子は独自の外交政策も展開しています。それが遣隋使と国書の献上です。

これがまた、「武人」としての太子の側面を示す、なかなか興味深いものであると同時に、さまざまな深い謎に包まれています。

第1章で見たような、崇峻天皇の後継として天皇に即位すべきときに即位しなかったことといい、「和」を重んじながら、こうした新羅出兵、非常識な国書献上を実施するところといい、聖徳太子というのはまったくミステリアスな人物なのです。

太子空白の数年間と、「摂政」の正しい読み解き方

ここまで見てきたように、朝鮮半島出兵計画を立てたのも、非常識な国書を隋に渡したことと同様、武断的な政治行動といえるでしょう。

一方で太子が唱える「和」の精神は、「ケンカをしない」「協調を宗とし、何事も皆で話し合って決める」というものでした。これは矛盾しているのではないでしょうか。

この双方を顧みれば、太子にはかなり分裂的な気質があったのではないかと思わせられなくもありません。

げんに第1章でも触れたように、伯父である崇峻天皇暗殺と自分に降りかかった黒幕疑惑、さらには妻と自身もよく知っている東漢直駒との不義密通など、青年時代の聖徳太子は複雑な生活環境に置かれていました。

そのため、極度のノイローゼ状態にあったと、かつて豊田有恒氏は自著で論考されています。私も豊田説に賛同するところ大です。

太子が摂政に任じられたのは、推古天皇が即位した593年のこと。一方で、本書でも述べたように新羅出兵、冠位十二階および十七条憲法の制定、小野妹子を遣隋使として隋に派遣など、華々しい業績を残したのは600年代に入ってからでした。つまり、摂政として初めの数年間は、なにもしていないのです。

たかが19歳の青年が、そんなに早くから政治家としての業績を挙げられるはずもない、という考え方はたしかにあります。

つまり、この「空白の数年間」は聖徳太子が政治家として修業を積んでいた期間と見るのが定説となっているのです。

しかし、豊田氏はそうは見ていません。

この空白は、強度のノイローゼにかかった太子が、その病を治すための「治療期間」だったと見ているのです。

もちろん、日本の歴史学者たちは反論しました。

崇峻天皇の暗殺後、早々と摂政に任じられた太子が病気であったはずはない、という考え方に基づいたものです。

しかし、ここで注意すべきは「摂政」という言葉。

『日本書紀』には、摂政の役割について「萬機《よろずのまつりごと》を以《もつ》て悉《ことごと》に委《ゆだ》ぬ」とあります。

これを素直に解釈すれば、「ことごとくゆだねる」とあるので「天皇の代理人」ということになりますが、しかしながら忘れてはならないのは、当時はまだ蘇我氏が権勢を誇っていたという事実です。

そのような状況ですから、摂政となって間もない太子が、「天皇の代理人」というところまで権力を掌握していたとは思えません。つまり、この「書紀」の表現には明らかに誇張が含まれているのではないでしょうか。実際、この点については学界でもそう見る人が少なくありません。

私たちは「摂政」というと、すぐに平安時代の藤原氏の摂関（摂政関白）政治を思い浮かべ、絶大な権力を保持している職のように考えてしまいがちです。しかしながら、太子の時代の摂政は「皇族摂政」であり、藤原氏の「人臣（皇族ではない）摂政」とはまるで別のものなのです。

さらにいえば、神話時代を除くと、日本史上初めて正式な摂政に任じられたのは聖徳太子となります。

ですから、この摂政が後世のものとは違い、単なる名誉職であって実質上の権力は（当初は）なかった、と考えることも十分可能なのです。

人生の大きな転機を救った温泉での湯治と仏の教え

ただし豊田氏が、この青年太子初期の空白の数年間を「治療期間」と考えるのは、そういうあやふやな推論によるのではありません。

実は、ちゃんとした文献上の根拠があるからなのです。

次に紹介しましょう。

法興《ほふこう》六年十月、歳丙辰《ほしひのえたつ》にあり。我が法王大王《ほふわうだいわう》と恵慈《えじ》の法師《ほうし》及《また》葛城臣《かつらぎのおみ》と、夷與《いよ》の村に逍遥《あそ》び、正《まさ》しく神の井を観て、世の妙《くす》しき験《しるし》を嘆きたまひき。意《おもひ》を叙《の》べ欲《ま》くして、聊《いささ》か碑文一首《いしぶみひとつ》を作る。

惟《おも》ふに、夫《そ》れ、日月《ひつき》は上《うえ》に照りて私《わたくし》せず。神の井は下《しも》に出《い》でて給《あた》へずといふことなし。萬機《まつりごと》はこの所以《ゆえ》に妙《たへ》に應《あた》り、百姓《おほみたから》はこの所以《ゆえ》に潜《ひそ》かに扉《とびら》す。（中略）神の井に沐《ゆかはあ》みて疹《やまひ》を瘳《いや》すは、詎《なに》ぞ、花池《くわち》に落ちて弱きを化《かへ》しに舛《たが》はむ。

（『日本古典文学大系風土記』秋本吉郎校注、岩波書店）

法興六年十月、我が法王大王（聖徳太子）と、慧慈法師、葛城の臣は、伊予の村を歩き回って、神井（温泉）を見て、世の不思議さに感動した。その心の思いを碑文に託した。

太陽と月は、上から照らしていて、公平である。温泉は地面の下から湧いているけれども、恵みを与えないということはない。ゆえに人間の世界というものは、このように玄妙に動き、民衆というものはうまく暮らしていけるのだ。（中略）温泉につかって病気療養をすることは、花池（意味不明）に落ちて弱いものが元気になることと同じである。

引用したのは「伊予国《いよのこく》」（愛媛県）の『風土記』です。『風土記』は７１３年（和銅６年）、元明天皇の命令によって各地の地理や歴史、物産などを記録させたもので、中央の史書にはない貴重な記事が載せられているものも少なくありません。

太子が向かった伊予国には、皆さんもご存じであろう道後温泉という日本屈指の名湯があります。

太子はかくして、温泉と師である慧慈からの仏の教えに接し、激しい精神的ショックから見事に立ち直ります。

そして飛鳥の政界へ復帰したのです。

豊田氏は自著『聖徳太子の悲劇』において、さまざまな史料を突き合わせて、次のように結論づけています。


聖徳太子は崇峻天皇の暗殺（五九二年）の直後から法興六年（五九六年）までは、すくなくとも飛鳥にいなかった。伊予の道後温泉で、病気とリハビリテイションを行なっていた。ようやく全快して、碑文を建立して、飛鳥へ戻ったとすれば、それ以降のことである。

聖徳太子の政界復帰を決定づけた、竹田皇子の死と推古天皇の決断

さて、ここで問題となるのは、叔母である推古天皇の態度ではないでしょうか。

推古女帝が甥である聖徳太子を陥れたのは、自分の腹を痛めた息子である竹田皇子を天皇にしたいからではないか、と第1章で説明しました。

そのために、唯一といっていい邪魔者の聖徳太子を、陰謀によってしりぞけようとしたのです。

たしかに『日本書紀』では、推古天皇は即位してすぐに聖徳太子（当時は厩戸皇子）を皇太子および摂政に任じています。

しかし、豊田氏はそれを史実とは見ていません。

実際は、聖穏太子は伯父の崇峻天皇暗殺のショックによって病気になってしまい、都を離れることになった。そして少なくとも4年間は伊予で療養していた。豊田氏がそう見ているのは、先ほど説明したとおりです。

つまり、あとになって太子は政界に復帰したので、さも崇峻天皇暗殺事件の直後から、皇太子兼摂政であったように記されているだけ、ということと結論になります。

ただ、ここでひとつ大きな疑問がわきませんか。

推古天皇が聖徳太子を邪魔者扱いした理由は、自分の息子である竹田皇子のライバルであったからだとすると、推古は聖徳太子の政界復帰を喜ぶはずがありません。

それなのに、なぜ太子は飛鳥の政界に戻り、実際に「摂政」として活躍することができたのでしょうか。

それは、推古天皇の息子である竹田皇子が早死したためだと考えられます。

前にも述べたように、竹田皇子は影の薄い皇子でした。実在したことは確実ですが、これといった業績をひとつも挙げることなく、いつのまにか歴史の闇のなかに消えていってしまったのです。

推古女帝は在位36年にして亡くなりますが、その際に「息子の墓に一緒に葬ってくれ」と遺言しています。だから、竹田皇子が母親である推古に先立ち、この世を去ったことは間違いありません。

推古天皇（554 ～ 628、在位:593 ～ 628）。39歳で天皇に即位し、75歳で亡くなるまで、巧みに政治をとり行ったという。

しかも、竹田皇子は子どももいないのです。その妻（当然皇族か有力者の娘）もいたという記録はありません。

このことを合わせて改めて考えてみると、竹田皇子はきわめて若いうちにこの世を去ったのだろう、と推理することが可能でしょう。

おそらく、それは崇峻天皇が暗殺されてから太子が温泉療養で立ち直り、飛鳥政界に復帰するまでの592年から600年ごろの話ではないでしょうか。

推古女帝は、ほかには子どもはいません。

腹を痛めた息子が死んでしまえば、甥の太子はもっとも近い身内です。

かつては太子を排除しようとした推古天皇も、実の息子が死んだ以上、そうしなければならない理由は、もはやありません。改めて周りを見れば、太子は身内のうちではもっとも優秀な成年の男子。登用するのは当然だ、ということになります。こうしたことから、太子は政界に復帰することができたのです。

まとめれば、太子が崇峻天皇の死後、ただちに皇太子兼摂政に任じられたというのは誤りで、実際はノイローゼになり転地療養をしていましたが、その病が回復したところで、たまたま「ライバル」竹田皇子が死去。その結果、太子はそこで政界に復帰することができた、ということなのです。

太子のノイローゼを証明する、カウンセラーでもあった仏僧の同行

太子が伊予の道後温泉に行ったことを、学界は「史実ではない」と否定しているようですが、古代に伊予に来た天皇は舒明、斉明、天智、天武と多く、斉明天皇が白村江《はくそんこう》の戦い（663年）に援軍を送るため、伊予の熟田津《にぎたづ》に寄港したことは有名です。

熟田津に船乗りせむと月待てば　潮もかなひぬ今は漕《こ》ぎ出《い》でな（8番）

『万葉集』巻一に収められているこの名歌は（作者は額田王《ぬかたのおおきみ》、斉明天皇説も）、斉明天皇の伊予への寄港のときにつくられたものです。皇太子であった中大兄《なかのおおえ》皇子（のちの天智天皇）も、この伊予行きに同行しています。つまり伊予は九州へ行く途中の寄港地であり、都（飛鳥）から船で伊予に行くことは、当時でもけっして難しいことでもなければ、珍しいことでも

なかったのです。

それにもかかわらず学界が、聖徳太子の道後湿泉行きを認めないのは、次のふたつの理由によるものといえるでしょう。

第一に『日本書紀』にそういう記載がないこと。

第二に、摂政という重職にある人間が政務を放り出して、そんなところまで行く必要があったとは認められないということ。

このように、日本史学者たちは考えているのです。

しかし、もし太子がノイローゼで、しかもそのノイローゼになった原因が、叔母である推古天皇の陰謀だったとするならば、このふたつの疑問点は解消するでしょう。

すなわち、『日本書紀』に太子の「転地療養」の記載がないのは、そのこと自体秘すべきことであったからですし、摂政といっても実は名目だけで、とてもそんな重職に耐えられるような状態ではなかったと考えれば、まったく「書紀」で触れていないことともつじつまが合うからです。

とりわけ、太子の療養に仏僧である慧慈が同行していたことが重要です。

この時代の仏僧は、単なる宗教者ではありません。

奈良時代に、墾田《こんでん》開発を進めるとともに、東大寺大仏殿の造営にも力を尽くし、聖武《しょうむ》天皇から「大僧正《だいそうじょう》」の位を贈られた行基《ぎょうき》や、中国で伝授された奥義を広め、嵯峨《さが》天皇について鎮護国家の祈祷を行った空海の例を見ればわかるように、僧侶は新知識の担い手であり医師でありカウンセラーでもありました。そういう人物が、わざわざ太子の温泉湯治に同行していたのです。

これはやはり、太子が病気、しかも肉体の疾患ではなく、精神の問題を抱えていたと考えたほうが筋が通ります。

聖徳太子は強度のノイローゼだった。しかし、都を離れ伊予の温泉で転地療養するうちに病気は全快したのです。

対中強硬外交を後押ししたのは、渡来僧のアドバイスだった

ここで慧慈について、もう少し詳しく見ていきましょう。

慧慈は高句麗から来日した僧で、太子の師と伝えられる人物。『日本書紀』にも、その

名が記載されています。

太子にとって慧慈は、道後温泉で蘇生させてくれた命の恩人であり、その国際的な見地からの意見は太子の外交を大きく左右したに違いありません。

慧慈の故国である高句麗は、隋の侵攻を受け、撃退はしたものの、国土も人民も大きな被害を受けました。ですから慧慈は、隋に強い反感、憎悪を持っていたはずです。

つまり、先述の常識外れの対隋強硬外交には、慧慈の影響が相当あったことだろうと、私は推測しています。


仏を信じる僧が、特定の人や国にそんな反感や憎悪を抱くだろうかと疑問に思われる方もいるかもしれません。そこで、後代の鎌倉時代、同様の例があったことを挙げておきましょう。１２７４年（文永11年）の文永の役、そして１２８１年（弘安4年）の弘安の役という2回にわたる蒙古襲来、いわゆる「元寇」での出来事です。

当時の最高権力者は、執権の北条時宗《ほうじょうときむね》で、そのブレーンには禅僧もいました。彼らは故国宋が元に滅ぼされたので、日本に亡命してきた者たちです。

元寇に先立ち、元は服属を命じる使者を何度か送ってきましたが、時宗は強硬外交を断行し、これらをいずれも無視。そして1274年、文永の役が起きますが、鎌倉幕府の軍勢は元軍を打ち破ります。

ところが、その翌年、元が再び日本に降伏を呼びかける使者を送ったところ、時宗は無視するどころか、この使者の首をはねてしまったのです。

元の激怒を買うこと必定の、こんな無法な挙に出たのはなぜでしょうか。それは、外交顧問だった蘭渓道隆《らんけいどうりゅう》ら宋からの亡命僧の意見が影響していたはずだと、私は考えています。僧であっても、と言うより、僧であるがゆえに多くの民の命を奪った元への憎しみは強かったことでしょう。

時宗にとって道隆は、なんでも相談できる「心の師」でした。それを考えると、太子と慧慈の関係も、それとパラレルなものに見えてきます。

内政では虫も殺さない平和主義者として「和の精神」を唱える一方、外交では出兵も辞さない武断主義者。いいように解釈すれば、内政においては国家の骨組みを確立し、外交においては日本のあるべき姿を毅然と主張したということになりますが、こんな分裂的行動をとれる人間はそうそういません。

一貫しない太子の行動――。やはりこれには、かつてノイローゼで苦しんだ、太子自身の過去が投影されているのではないでしょうか。

法隆寺の奇妙な銘文と、聖徳太子の本当の死因

聖徳太子は、小野妹子や慧慈などの有能な側近にも助けられ、日本を豪族による連合国家から天皇中心の中央集権国家に脱皮させる橋渡しに成功しました。けれども、その大役を果たしえた有能な政治家である聖徳太子は、ついに天皇にはなれなかったのです。

太子は推古天皇が亡くなる6年前の622年に、49歳で死亡しました。ちなみに推古天皇は当時としては異例の長寿で、75歳で天寿をまっとうしています。

太子は病気で亡くなったとされていますが、実は私は、太子の死はある種の「変死」ではなかったかと睨《にら》んでいます。その理由を述べていきましょう。

太子の死亡日は、『日本書紀』では621（推古天皇29年）2月5日、一方、『上宮聖徳法王帝説』には「推古三十年二月二十二日である」と明記されています。622年説を補強するものとして、太子と同時代に造られた法隆寺金堂釈迦三尊像の光背《こうはい》（仏身から発する光明を表現した、仏像の背後にある飾りのこと）があり、その銘にはこう記されています。

まず太子の母・穴穂部間人皇后が亡くなり、その翌年太子は病気となり、その看病をしていた膳部夫人も倒れ、六二二年二月二十一日にまず夫人のほうが世を去り、続いて太子も世を去った。

ここに登場する3人は、いずれも同じ墓に葬られることとなります。墓地は大阪府南河内郡太子町にある叡福寺《えいふくじ》境内の磯長陵《しながりょう》です。一番奥に穴穂部間人皇女、向かって右に太子、向かって左に膳部菩岐々美郎女《かしわでのほききみのいらつめ》の棺があるといいます。

それにしても、この銘文は気になります。病気とはいえ、たった一日違いで夫婦が次々に死ぬなどということがあるでしょうか。

太子の病気がガンや心臓病なら、こういうことはありえないでしょう。となると、可能

太子の母・穴穂部間人皇女、太子の妻・膳部夫人、そして聖徳太子が葬られた叡福寺境内にある磯長陵。「三骨一廟」と呼ばれ、のちに空海や親鸞、一遍、日蓮なども、太子を慕って参詣したという。

性として考えられるのは伝染病です。太子がなんらかの伝染病にかかり、看病していた夫人も感染した……。

あるいは、もっと想像をたくましくすれば心中か、後追い心中です。私はありえることだと思っています。

たしかに「心中」というのは想像です。

一方で「伝染病死」ならば、十分に可能性があることはいま述べたとおり。

それなのに、なぜ私が「心中」もありうると考えるのか。

昨今の新型コロナウイルスを見るまでもなく、疫病で亡くなるのはウイルスに大きな原因があります。ところが、古代人の考えでは、疫病（伝染病）はウイルスの仕業ではありませんでした。

では、何が原因だと考えたのか。

それは、ずばり悪霊のタタリです。

ですから当時、疫病で死ぬことは、けっして名誉な死ではありません。太子の死因が疫病だとすると、悪霊にやられたということになります。もちろん、疫病とはどこにも書かれていません。

しかし、光背銘が「続いて太子も世を去った」という書き方をしているのは、実は本当の死因はもっと悪いもの、いや、とてもではないが書けないものであるから、それを取りつくろったため、とも考えられます。

いずれにしても「変死」をした可能性が、十分あるということです。

なぜいちばん身分の低い妃が、聖徳太子とともに眠っているのか?

太子には3人（正確には4人）の妃がいました。橘大郎女《たちばなのおおいらつめ》、刀自古郎女《とじこのいらつめ》、そして膳部夫人です。

そのなかで、なぜ膳部夫人だけが一緒に葬られているのでしょうか。これがまた、実におかしなことなのです。

太子に複数いた夫人のなかで、実は膳部夫人の身分がいちばん低いものでした。古代・中世においては、身分というものが生きているあいだだけにとどまらず、死んでからもついてまわります。

早い話、普通ならもっとも愛していた相手だとしても、身分が釣り合わなければ合葬などしてもらえません。死んだ順番が問題なのではなく、あくまで生前の身分が墓においても問題なのです。それなのになぜ……。

現代でも本妻と別居して、ほかの女性と暮らしていても、死ねばその骨は本妻に取り返されますし、本妻以外の女性が死後に一緒の墓に入りたいと言っても、容易に許されるものではありません。

膳部夫人は、「本妻」とはとうてい言えない立場の女性です。

では、なぜ身分の低い妻との異例の合葬《がっそう》があわただしくなされたかといえば、ふたりが「異常死」を遂げたからと考えるのが自然でしょう。

では、それはどのような死に方だったのでしょうか。『日本書紀』には、「推古二十九年の春二月五日、夜中に聖徳太子は斑鳩《いかるが》で亡くなった」としか書いてありません。一方、後世の史料ではありますが『聖徳太子伝暦《でんりゃく》』には、次のような詳しい記述があります。

　二十九年辛巳《かのとみのとし》春二月《はるきさらぎ》、太子《ひつぎのみこ》は斑鳩宮《いかるがのみや》に在《あ》り。妃《きさき》に命《おほ》せて沐浴《もくよく》せしめ、太子もまた沐浴す。新しき潔《きよ》き衣袴《いこ》を服《き》て、妃に語りて曰《のたま》はく「吾《われ》、今夕《このゆふべ》、遷化《せんげ》せん。子《こ》もとも

明くる旦《あさ》、太子に副《そ》ひ床《とこ》に臥《ふ》す。明くる旦《あさ》、妃も
に去《い》ぬべし」と。妃もまた新しき潔き衣裳を服て、太子に副《そ》ひ床《とこ》に臥《ふ》す。明くる旦《あさ》、
太子ならびに妃、久しく起きず。左右に殿《との》の戸を開きて遷化を知る。

推古二十九年の春、太子は斑鳩宮にいた。（太子は）膳部妃に命じて沐浴させ、自分も沐浴して身を清めた。そして新しい清潔な衣服を身につけて妃に言った。「私は今夜死ぬだろう。おまえも一緒に死のう」と。妃も新しい清潔な服を着て、太子と同じベッドに入った。明朝、ふたりが起きてこないので（寝室の）扉を開けてみると、ふたりはすでに死んでいた。

どう見ても「心中」というほかありません。

『太子伝暦』は10世紀ごろに、おそらく仏教の僧侶が太子を信仰の対象とすべく編纂した「伝記」だとされています。もっとも、歴史学者たちは「太子を神格化するあまり、とうてい信用できるものではない」としていますが……。

しかし、少なくともこの本が書かれた平安時代までは、「太子心中説」が堂々と語り継がれてきた事実を『太子伝暦』は示しています。世に言う「太子伝説」の多くは、この本

に依拠しているように、『太子伝暦』は太子を神格化する目的で書かれた本ですから、本来なら彼の名誉を傷つけるようなことは書かないはずです。

にもかかわらず、「心中」を匂わせているのです。

太子にとって不利なことをあえて記述したのは、それが忌避することなどできない、重要な出来事だったからでしょう。

キリスト教では御法度なのに、自殺が仏教では許されている真の理由

キリスト教では、自殺は「罪」となります。命は造物主（神）から授かったものであり、自分の命といえども神の許しなく勝手に使う（殺す）ことはありえないからです。それをすれば、神への冒涜《ぼうとく》ということになります。

ところが、仏教においては違います。あらゆるものを創造した造物主（神）に対する信仰がないからです。

仏教の教えによれば、命というものは人の一生という時間に限定されず永遠に存在し、

人間が「死ぬ」ということは、単にこの世とサヨナラするだけのことにすぎません。だから、キリスト教徒のように、罪悪感に苛《さいな》まれる心配はないことになります。

加えて仏教には「捨身《しゃしん》」という教えもあります。この教えでは、身を捨てて自分以外のほかの生物の命のために尽くすことを至上の行いとして称揚しているのです。

当然「捨身」は、外見上は「自殺」の形をとることになります。自らの命を犠牲にして、他者の命を救う行為は、仏教においてはとても尊いことなのです。

前の章でも説明したように、聖徳太子の残した仏教上の偉大な業績のひとつが『三経義疏』です。三経とは法華経、維摩経、勝鬘経であり、義疏とは「注釈」のこと。太子はこの3つの経典の注釈書をつくったと伝えられ、P61で紹介したように『法華義疏』については現物も残されています。

前述のように、太子の作ではないと考える歴史学者もいますが、同じく歴史学者の上原《うえはら》和《かず》氏は、とくに『勝鬘経義疏』に注目し、太子は「捨身」の思想に深い共感を抱いていたと見ています。

まず、同書での太子自身の言葉を見てみましょう。

昔の注釈書は「身体を喜捨する〈捨身〉というのは、みずからすすんで奴隷になることであり、生命を喜捨する〈捨命〉というのは、他人のために死ぬことである」と解している。しかしながら、今ここでいう「捨身」と「捨命」とは、いずれも死ぬことであるが、その意味がちがっているだけである。たとえば、肉体を餓《う》えた虎に与える場合は、もともと「捨身」であり、忠義の士が、危急に直面している君主を見て生命をなげ出す場合は、その意味からして「捨命」にあたる。

（『日本の名著　聖徳太子　勝鬘経義疏』中村元訳、中央公論社）

虎のくだりは、釈迦《しゃか》伝にある「捨身飼虎《しゃしんしこ》」の話をふまえています。釈迦が前世で別の国の王子として修行していたときのこと。虎の親子が飢えに苦しんでいるのを見かねて、自ら身を捨てて虎のエサになったという話です。

これなど、まさに「自殺」と言うしかありません。しかしながら、仏教の立場から言えば自らの命を犠牲にした尊い行為ということになるわけです。

この釈迦が前世で善事を行ったという伝説をまとめて、「釈迦本生譚《ほんしょうたん》」（ジャータカ）といいます。

国宝「玉虫厨子」に込められた、聖徳太子の「捨身」の想い

実はジャータカには、もうひとつ有名な「自殺」の話があります。「施身聞偈《せしんもんげ》」という話です。

これは釈迦が前世、ヒマラヤ（雪山）で修行していたころ、仏教の真理を現わす偈《げ》（仏の功徳を讃える文）の後半部分を知るために、身を悪鬼にささげるというストーリーになっています。

「捨身飼虎」と「施身聞偈」は、ジャータカのうちの二大「捨身」話です。

実は、日本では釈迦仏はあまり重視されなかったので、釈迦自身に関する仏教美術品は意外に少ないのをご存じでしょうか。とくに、国宝・重要文化財クラスの美術品に限ってみれば、「ジャータカ」を題材にした作品は、たったひとつしかないと言っても過言ではありません。

それは、なにか。

法隆寺にある国宝の玉虫厨子《たまむしのずし》です。

玉虫厨子は日本の美術品のなかでも、もっとも有名なものと言っていいでしょう。その言葉自体が、国語辞典にも載っています。

玉虫厨子　法隆寺に伝来する飛鳥時代の厨子。高さ二二六・六センチメートル。須弥座上に単層入母屋造・錣（しころ）葺の宮殿形を置く。総体は檜造り、外面は黒漆塗り、縁に張った透彫の金具の下にタマムシの羽根を敷く。内側には金銅押出の千体仏を張る。三方の扉および須弥座の四面に六朝風の古様の彩色画捨身飼虎図などを施す、当代の建築・絵画・工芸のすぐれた技法が渾然とまとめ上げられている優品。国宝。

（『広辞苑』岩波書店）

この「四面の彩色画」のうち厨子の台座の両側に書かれているのが、「ジャータカ」を題材にした絵、つまり「捨身飼虎」と「施身聞偈」なのです。

言い換えれば、ジャータカのなかの二大「自殺話」が、わざわざ選ばれて玉虫厨子に描かれているということ。

この厨子は、何万匹ものタマムシを捕えて羽根を使ったという、きわめて手間のかかった作品です。よほど大切なものだと考えられていたはずでしょう。

しかも、この玉虫厨子と太子の関係にいち早く注目し、「武人」聖徳太子を初めて前面に押し出した『斑鳩の白い道のうえに』の著者である上原和氏は、現在の法隆寺は「太子一族の霊鎮めのため、つまり聖徳太子奉為」の寺であり、金堂のデザインから見て「玉虫厨子にならって」建立された建物だと主張しています（『聖徳太子 再建法隆寺の謎』講談社）。

では、なぜ玉虫厨子をモデルにして（再建）法隆寺は建てられたのでしょうか。玉虫厨子は、太子とどんな関係にあるのでしょうか。

それを解くカギは、言うまでもなく「捨身」にあるのです。

このように太子が「捨身」を強く意識していたことは明らかですが、その思いは息子の山背大兄王《やましろのおおえのおう》にも受け継がれていたようです。

『日本書紀』は、次のように伝えています。

聖徳太子の「捨身」を受け継いだ息子の山背大兄王（？～643）の墓所。上が奈良県斑鳩町にある宮内庁の富郷（とみさと）陵墓参考地。だが近年、下の同県平群町にある西宮古墳に葬られているという説もある。

蘇我入鹿が山背大兄王と対立し殺すために兵を挙げたとき、王は「私がもし事を起こして入鹿を討てば勝つだろう。しかし、一身上の都合で人民を殺したり傷つけたくない。だからこの身を入鹿にくれてやろう。

そう述べて「子弟《うから》・妃妾《みめ》と一時《もろとも》に自ら経《わな》きて倶《とも》に死」んだ、と書いています。つまり、集団首吊り自殺（一家心中）です。

山背大兄王が「捨身」に踏み切ったのは、父・聖徳太子によって「捨身」の思想が伝えられていたからでしょう。

「無念の死」にあった魂は、「未完成の霊」として復活する

先述のように、私は「聖徳太子自殺説」の立場に立っています。そこで「異常死した高貴な人物の埋葬における原則」を挙げておきましょう。

①異常な死（暗殺による死や自殺）を遂げた人の殯《もがり》の期間は極端に短い
②殯が短いために、墓を造成するゆとりがなく、墓がないという難問を合葬という手段で解決する

殯というのは、古代の習慣で、貴人が死んだときに墓に葬るまでのあいだ、棺《ひつぎ》を安置し魂の平安を祈る行事のことです。天皇クラスの貴人なら、ときによっては1年ものあいだ、殯が行われることもあります。

実際、『国史大辞典』にも、次のように記述されています。

殯　人間の死後、埋葬するまでの間、遺骸を棺に納めて特別に設けられた建物に安置しておく葬喪儀礼の一つ。（中略）天皇や王族の場合は一年以上に及ぶことがまれではなく、敏達・斉明のように五年を超えることさえある。（以下略）

（『国史大辞典』吉川弘文館）

殯には、死者の霊を慰めるという宗教的な意味と、陵《みささぎ》を造成するための〝時間かせぎ〟

天皇の崩御から埋葬までの期間

天皇	死亡年月日	埋葬年月日	埋葬までの期間
継体	25年2月7日	同年12月5日	9カ月28日
安閑	2年12月17日	同月	13日以下
宣化	4年2月10日	同年11月17日	9カ月7日
欽明	32年4月（15日）	同年9月	5カ月
敏達	14年8月15日	崇峻4年4月13日	5年7カ月28日
用明	2年4月9日	同年7月21日	3カ月12日
崇峻	5年11月3日	（記載なし）	——
推古	36年3月7日	同年9月24日	6カ月17日
舒明	13年10月9日	皇極元年12月21日	
（皇極）	重祚して斉明		
孝徳	白雉5年10月10日	同年12月8日	1カ月28日
斉明	斉明7年7月24日	天智6年2月27日	5年7カ月3日
天智	天智10年12月3日	（記載なし）	——

『聖徳太子』梅原猛（集英社）より作成

という実質的な目的の双方があります。

応神《おうじん》天皇や仁徳《にんとく》天皇の墓ほどの巨大さとなれば、生きているうちから工事に着工しなければ間に合わなかったでしょう。ところが、太子の時代には墓はかなり小さくなっており、そのため、死後に造成することとなっていたようです。だからこそ殯の期間が、イコール墓の造成期間として必要でした。

実はこの殯の期間が、ただの一日もなかった天皇がひとりだけいます。太子の伯父であり、日本史上唯一、臣下の手によって暗殺されて崇峻天皇です。

前ページの表には（記載なし）とありますが、これは年月日が明記されていないというだけで、『日本書紀』には死亡日の項に「是の日に、天皇を（中略）葬りまつる」とあるので、死亡年月日と埋葬は同じ日と考えていいでしょう。殯なしに即日葬られたのです。

もちろん、暗殺ということは予期せぬ不慮の死ですから、墓が用意してあったはずなどありません。

では、崇峻天皇はどこに葬られたのでしょうか。

『日本書紀』には倉梯岡《くらはしのおか》に葬ったとあります。

ところが、平安時代の法典『延喜式《えんぎしき》』に載せられている陵墓一覧を見ると、たしかに倉梯岡が崇峻天皇陵だとは書いてありますが、そのあとに実に奇怪な記述があるのです。

無㆓陵地幷陵戸㆒

陵地ならびに陵戸なし

陵地とは墓域のこと、陵戸とはそれを守る番人の家のことです。それがまったくないというわけです。この時代はまだ、天皇陵が荒れ果ててしまうような時代ではありません。げんに、ほかの天皇陵には陵地も陵戸もあります。

となると、考えられる可能性はふたつ。

ひとつは、この倉梯岡が崇峻天皇を仮埋葬した地であるということ。

先述のように不慮の死ですから、墓は用意されてはいません。しかし、即日埋葬したのだとしたら、仮埋葬しかないはずです。

あるいは、この倉梯岡に葬ったという記事そのものが、偽りであるということ。

しかし、それならば、なぜわざわざウソをつかねばならなかったかという理由が見つかりません。したがって、倉梯岡は仮埋葬の地だったのでしょう。

では、最終的に崇峻天皇はどこに改葬されたのでしょうか。

その問題を考える前に、どうして、崇峻天皇の遺骸をそんなに早く殯もせずに葬らなければならなかったのか、ということについて考えてみましょう。

崇峻天皇は暗殺されたのだから「無念の死」のはず。だから、その魂はより念入りに殯を行って慰めなければならない。

そう考える人もいるかもしれません。

しかし、これは実は逆なのです。そのあたりのことを、民俗学者の谷川健一《たにがわけんいち》氏は次のように述べています。

自然死が民俗の世界では一番尊ばれるわけです。植物が枯死するように長寿で自然に衰弱して死ぬ。そうでなくて、途中で何か事故が起こって死ぬ。病死する。若死する。暗殺される。刑死する。これはパーフェクトな死ではない、だからこそ、その死者の魂は行きつくべきところへ行かないんだという考え方があるわけです。

これは未完成の霊だということです。完成せざる霊は、自分が完成しないことを恨みに思って、死者でありつつも完全に死者とはなり切れず、もう一度再生しようとする欲望が、まだあると考えられたので、生者に対して畏怖を与える。その再生を阻止しようといろいろな試みというかたくらみがあります。

（『歴史読本』１９８９年６月号「日本史の暗流」）

ここにあるように、なぜ崇峻天皇の遺体の埋葬を、そんなにも急がねばならなかったのかと言うと、「無念の死」にあった魂は、「未完成の霊」として復活してしまうと考えられていたからです。

復活した「未完成の霊」は災いをもたらします。こういう危険な遺体は早く完全な形で葬らないといけない、一刻の猶予も許されないと当時の人々が考えたとしても不思議はないでしょう。

ちなみに、では崇峻天皇はどこに改葬されたのか。私の考えを、次のページの写真とともに簡単に紹介しておきましょう。

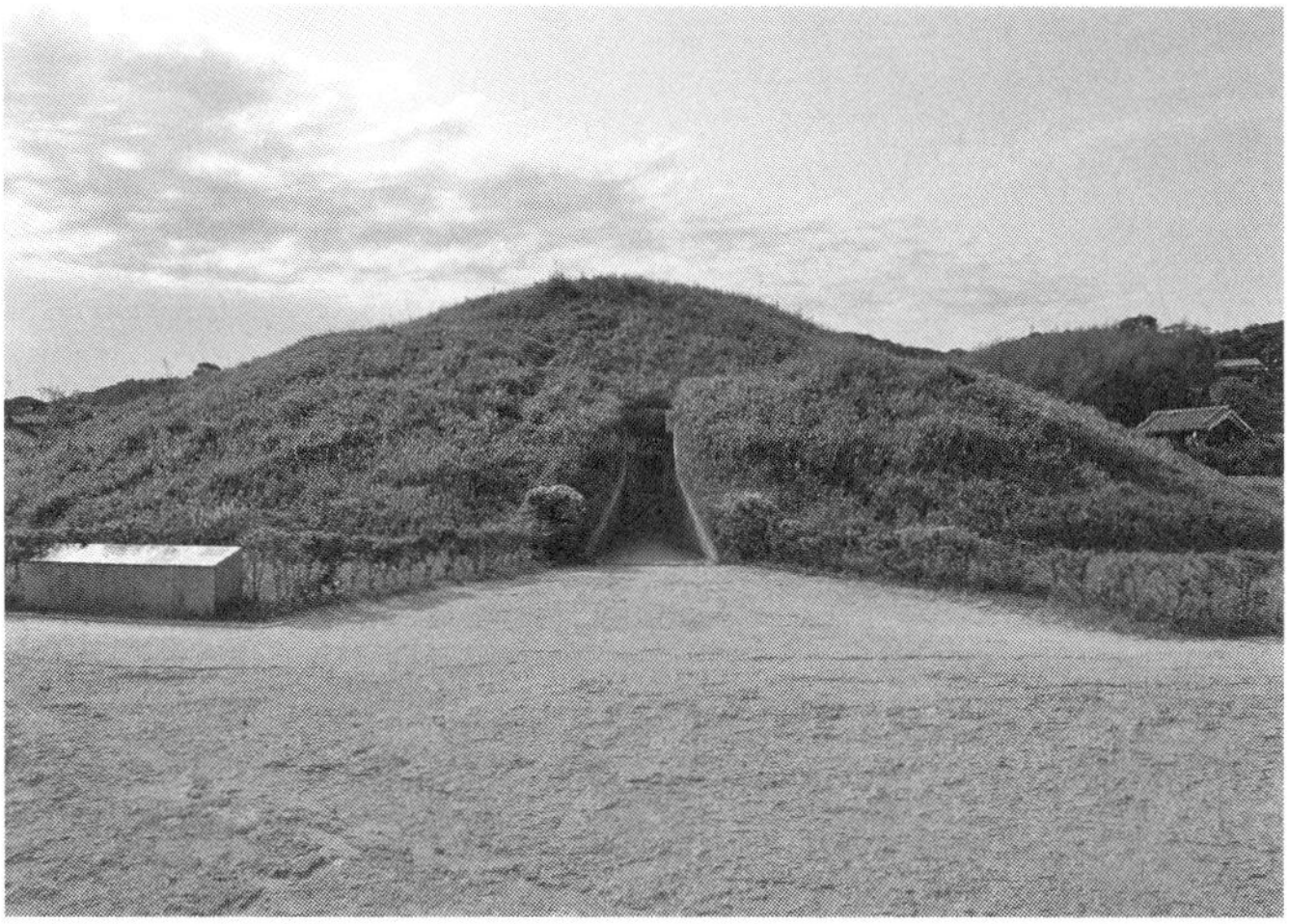

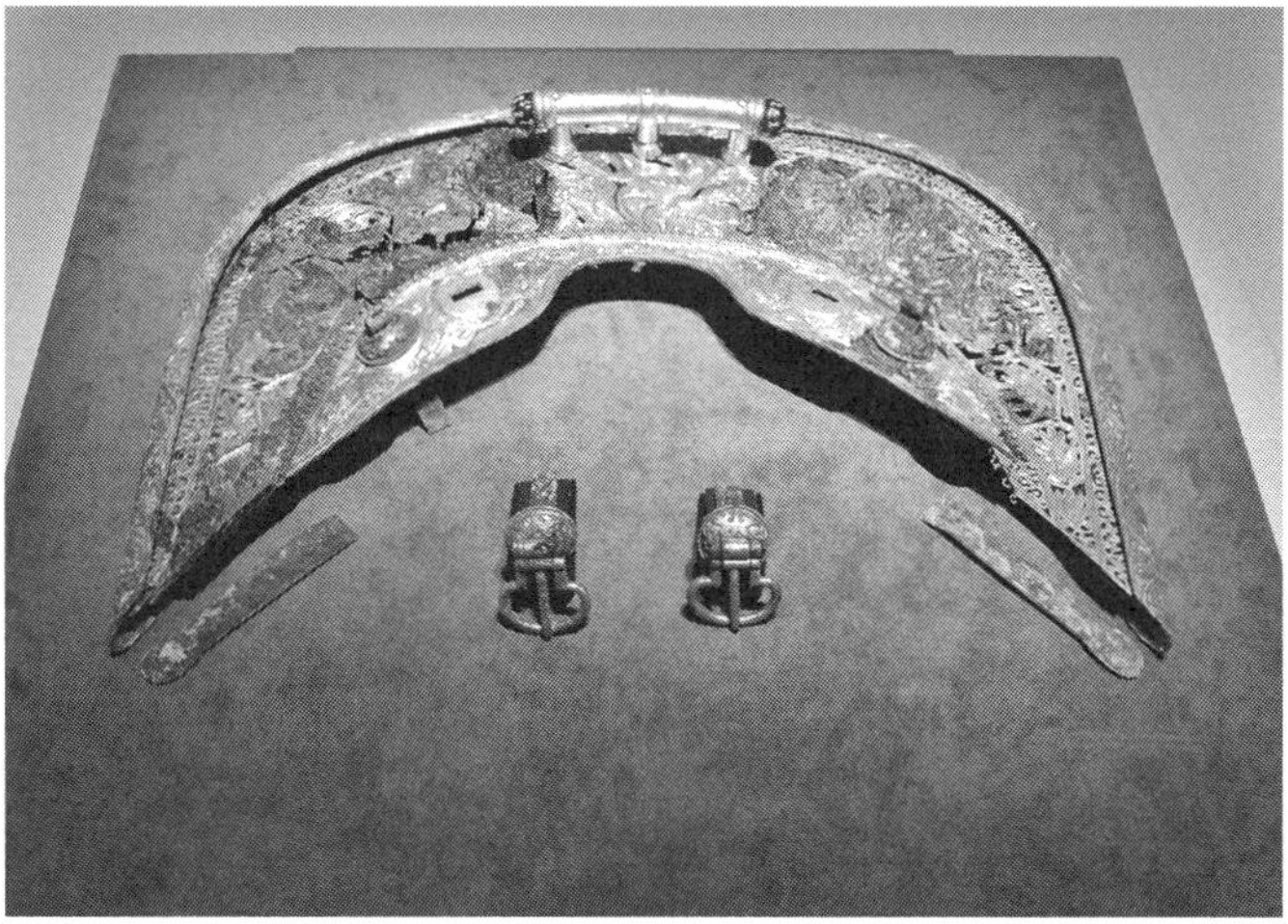

聖徳太子ゆかりの法隆寺から、わずか350メートル西にある藤ノ木古墳とそこから出土した副葬品。誰が埋葬されているのか、いまだに議論が続いているが、私は歴史資料、出土品などから、もともと穴穂部皇子の陵墓でそこに崇峻天皇が合葬されたと考えている。

「正史」と「伝記」から浮かび上がる、聖徳太子の本当の最期

合葬も同じ理由からです。

「異常な死」を遂げた人の魂は早く完全な形で鎮めねばなりませんから、墓の造成や棺の製作を通常どおりの工程で進めることはできません。必然的に誰かの墓を借りるしか方法がなくなります。

ここで気づかれた方もいるかもしれませんが、聖徳太子の死と葬送は、Ｐ１４５の「異常死した高貴な人物の埋葬における原則」のふたつにピタリと当てはまっています。

『日本書紀』では太子が死んだのは６２１年（推古29年）２月５日で、「是の月（死んだ当月）」に「磯長陵《しながのみささぎ》に葬る」とあります。

殯の期日は最大でも25日（30日マイナス５日）です。こんな短期間でとうてい陵はできないため、母の穴穂部《あなほべ》間人《はしひと》皇女の墓に合葬されました。

前に見た『太子伝暦』の記述が、学者の言うとおり信頼できないにしても、太子の殯が「なく」、しかも急いで膳部夫人とともに埋葬（合葬）されたことは、今日まで残されている叡福寺にある「聖徳太子廟」、つまり磯長陵を見ても明らかなことです。

一方、「正史」であるはずの『日本書紀』には、「急いで埋葬された」ことだけは書かれてあるものの、膳部夫人と一緒に自身の母の墓へ合葬されたという事実については、一言半句も書かれていません。

どちらをより信ずべきか、と言えば、もう答えは明らかでしょう。

繰り返しになりますが、『太子伝暦』は、太子を讃美するために書かれた伝記です。太子にとって不名誉なことは本来、書くはずがありません。それなのに「心中」と書いてあるわけです。ということは、やはり太子の死は「心中」、すなわち自殺だったと考えるのが妥当ではないのでしょうか。

一方、『日本書紀』には膳部夫人のことも、合葬のことも書かれていないのは、この事実をとりあえず隠そうという意図があってのことだとしか考えられません。だが、何度も言いますが、太子と妃が母后の墓へ合葬されたことは、私の勝手な推測でも想像でもなく事実なのです。

その事実にまったく言及していない「正史」と、その事実と合致する経過が書かれている「伝記」と、どちらを信頼すべきなのでしょうか。もはや、言うまでもないと思います。太子はやはり、自ら命を絶ったのでしょう。

第4章

「怨霊」となった聖徳太子と、1400年続く「日本教」のひみつ

1972年に発表された、聖徳太子を読み直す衝撃の新説

ここまで、聖徳太子が説いた「和」の精神の真実、また、それと矛盾するかのような武断政治と、その背景となった太子の精神面、人間関係面の苦悩、そして、知られざる最期の真相に迫ってきました。

このような順序で太子像を浮かび上がらせようとした理由、それは天皇になれなかったにもかかわらず、なぜ「聖徳」という立派な諡を贈られたのか、という最大の謎を明らかにするためです。

私は序章の冒頭に、次のように書きました。

「『聖徳』の2文字にこそ、天皇家の歴史を解き明かすうえで重大なヒントが隠されている」

これについて1972年、それまでの聖徳太子についての通説をものの見事にひっくり返す、革命的な論考が発表されました。梅原猛《うめはらたけし》氏の『隠された十字架』です。

その内容は、「聖徳太子は怨霊となり、法隆寺はその鎮魂のために建てられた」というものでした。梅原氏は、次のように述べています。

「そもそも『聖徳』という、天皇にすら与えられていないきわめて素晴らしい諡号《しごう》（諡《おく》り名）は、太子が大怨霊と化すことのないようにとの意図の下に贈られた美称である」

私は『隠された十字架』に書かれていることは、大いにありえることだと思っています。この梅原論は、日本史上で常に〝聖人〟として扱われてきた太子像を完全に引っくり返す、これまでにない斬新な分析です。

太子に対する批判者は、それまでにもいました。たとえば江戸時代の儒学者や国学者は、口をきわめて太子を罵倒したことがあります。

ただし、それは太子が「怨霊」だからではなく、日本仏教の興隆に大きな力があったからなのです。

江戸時代の国学者にとって、仏教は日本古来の道を踏みはずした〝邪教〟であり、儒学者にとっては合理主義からはずれた〝邪教〟。だから彼らは太子を非難したのです。ある国学者は「弑逆《しいぎゃく》太子」とまで言いました。弑逆とは「主殺し」のこと。つまり、聖徳太子は「天皇殺し」と非難されたこともあるのです。

どうして、そんな言い方をされるのか。

それは本書でも見たように、「太子は蘇我氏の一員であるのに、蘇我馬子による崇峻天皇暗殺に対して何の手も打たなかった。だから太子は天皇を殺したも同然だ」ということなのです。

もちろん、これはほとんど「言いがかり」。当時、19歳の太子に老練な政治家である馬子（および推古天皇）の陰謀など防げるはずありません。

それにもかかわらず、こういった非難をされるのは、非難する側に「太子によって日本に仏教という邪教が大々的に広まってしまった」という思いがあるからです。

つまり、こういう人たちは、逆説的な意味で聖徳太子が仏教界での「聖人」であることを、結果的に認めていることになります。

しかし、梅原氏の聖徳太子論はそういう類のものではありません。

太子が偉大な人物であることは認める。しかし聖人、つまり「聖徳」太子になったのは、彼が怨霊になったからであり、奈良の法隆寺は、その怨霊鎮魂のために建てられた、というのです。

もちろん、この主張は現在も歴史学界の受け入れるところとなってはいません。歴史学者が、このような考えに反対する最大の根拠は次のようなものです。

「太子が生きた飛鳥時代にも、法隆寺が整備された奈良時代にも、まだ怨霊信仰はない。怨霊信仰が日本で発生したのは平安時代初頭の桓武《かんむ》天皇の時代で、このことは文献上で確認できる。つまり８世紀末のことであって、それより２００年も前の飛鳥時代に怨霊信仰などない」

さらに次のような根拠が加わります。

「怨霊は、桓武天皇の弟である早良《さわら》皇太子や菅原道真《すがわらのみちざね》のように、無実の罪で死に追いやられた者のみがなる。ところが、飛鳥・奈良時代に無実の罪で殺された者は、蘇我石川麻呂、有間《ありま》皇子、長屋王《ながやおう》のように多数いるにもかかわらず、彼らはまったく怨霊化していないし、怨霊として畏怖《いふ》された形跡もない。だから、この点から見ても平安時代以前に、日本に怨霊信仰がなかったことは確実だ」

そして、とどめは次のようになります。

「そもそも聖徳太子自身に怨霊化する理由がない。太子は天寿をまっとうして死んだのである。無実の罪で死に追いやられたのではない。だからこそ怨霊になるはずがない」


いかにもスキのない、完璧な論理に見えるかもしれません。

しかし、これはまったくの誤解。日本の歴史学の弱点を見事なまでにさらけ出した「論理」なのです。


そもそも、怨霊信仰はすでに古代中国で発生しており、その起源は少なくとも紀元前1000年以前にさかのぼることができます。

古代殷《いん》帝国が周《しゅう》によって滅ぼされたとき、周王朝は殷の国民を皆殺しにはせず、別の地域に強制移住させて先祖の祭祀を行わせました。

なぜなら、子孫を根絶してしまうと、その家系の先祖の霊を祀る者がいなくなり、その霊が怨霊になってしまうから。

これが怨霊信仰の原型なのです。

こうした考えが、早くから日本にも伝わっていたことは、『日本書紀』に同じような記録が残っていることからも明らかです。

それでも、「聖徳太子は天皇家の人間であり、日本仏教の聖者であるのだから、『怨霊』呼ばわりとは不謹慎もはなはだしい」という人々もいます。「ましてや天皇家の血筋の者が怨霊であるわけない」と、彼らは言うわけです。

けれどもあとで詳しく見るように、平安時代末期の第75代崇徳《すとく》天皇が歴史を揺るがす大怨霊となったことは、歴史学界に加えて天皇家自身も確認している日本史の事実であって、神の子孫である天皇家の人間だから怨霊になどならないとは言えません。

それについては、こういう反論もありましょう。崇徳天皇が怨霊としていわば「公認」されたのはタタリをなしたからであって、太子は死後になんらタタリをなしていないではないか、と。

この主張には、一理あります。しかしこう考えてみればどうでしょう。

「太子はその生涯からして、大怨霊化する可能性が非常に高かったがゆえに、きわめて異例の『聖徳』という完璧で素晴らしい諡号を贈って、徹底的に鎮魂に努めたのだ」と。

これは果たしてどういうことなのか。

太子の時代の政局を振り返りながら、太子が怨霊と化した可能性について、私の見解を述べていきましょう。

日本を天皇家から奪おうとした、「キングメーカー」蘇我氏

前にも説明したように、聖徳太子の「太子」とは皇太子の略で、次の天皇と目された人を意味しますが、太子は結局天皇にはなれませんでした。けれども皇太子のまま亡くなった人としては、きわめて異例の「聖徳」という（正式に贈ったものではありませんが）諡号をもらっています。このような形で死後に顕彰されたのは、日本史上、聖徳太子ただひとりなのです。

一体なぜ、当時の国の指導層は聖徳太子が、いや「聖徳」の諡号はまだ贈られていませんから厩戸皇子が、梅原説にもあったように大怨霊になるかもしれないと思われたのでしょうか。

最大の理由は、あれほどすぐれた能力を持つ人が「天皇になれなかった」という歴史的事実にあるのでしょう。本書でも見てきたように、太子は摂政として隋に小野妹子を国使として送り、「日出ずる処の天子、書を日没する処の天子に致す」と、日本と中国が対等な国家であることを示したほどの人物です。

世界の中心である中国を支配する皇帝は、周辺諸国の首長をその国の国王に任命しましたが、彼らはあくまで皇帝の家臣である、と考えていました。対等な関係にある国など、この世に存在しない、ということです。

それに対して厩戸皇子は「あなたが天子なら、こちらも天子だ」と、いわばタメ口を聞いたのです。アジアの諸国家が、ことごとく皇帝にひれ伏すなかでの快挙でした。

これほどの人物が天皇（この時代の呼称では大王・大君）になれなかった。その理由は、なんなのか。

これはひとえに、不幸にも天皇位にあった推古天皇より早くに亡くなってしまったからです。

前述のように、太子の死後、その息子で後継者でもあった山背大兄王は、蘇我氏によって一族もろとも自害に追い込まれています。

古代殷王朝と周のエピソードでも説明したように、中国ではある人物が怨霊となる最大の条件は「子孫が絶える」ことにあるとされてきました。となると、息子の一族が無念の死を遂げたことが、太子が怨霊と化すに充分な背景となったに違いありません。

それにしても、なぜ太子の息子である山背大兄王は、一族もろとも無残な最期を迎えなければならなかったのでしょうか。

死に追い込んだのは、前の章でも触れたように、聖徳太子の母方の実家に当たる蘇我氏の入鹿《いるか》でした。この抗争の背景になにがあったのか、整理してみます。


天皇家が神の子孫として公認され、「天皇家に生まれた者しか天皇になれない」という絶対的なルールが確立されるのは、のちの天武朝になってからです。言い換えれば、太子の時代は天皇家に代わって、新しく日本の統治者になったかもしれない一族がいたということになります。

それが蘇我氏でした。

蘇我氏は、大伴氏をはじめとする古代からの名族を次々と没落させ、最後に残った物部氏も当主の守屋を殺すことで滅ぼして、聖徳太子から天智天皇の時代にかけて、天皇家に唯一対抗できる勢力にのし上がります。

Ｐ54の家系図で見たように、太子は父方が天皇家、母方が蘇我氏ですから、両者のはざまにいた人物。そのため、どちらを立てるかで事あるごとに悩んだはずです。

太子の父・用明天皇が亡くなったとき、蘇我馬子はライバル物部守屋が擁立しようとした穴穂部皇子を、先手を取って攻め滅ぼし、自分の意のままになる泊瀬部《はつせべ》皇子を天皇位に就けます。これが第32代崇峻天皇です。ところが、崇峻は自分が傀儡《かいらい》であることに気づいて馬子を殺してやりたいと考えるようになりますが、すると馬子はまたまた先手を取って崇峻を殺してしまったとされています。

臣下にすぎない人間が天皇を暗殺したという前代未聞の出来事ですが、馬子は一切罪に問われることなく政界に君臨し続けました。

このように天皇家の皇子や天皇自身が次々と葬られたのち、馬子は用明天皇の妹で第30代敏達天皇の皇后だった未亡人の額田部皇女を「つなぎ」の女帝として即位させます。

この女帝・推古天皇が馬子にとって誤算だったのは、彼女は天皇家の一員という意識がことのほか強く、（息子の竹田皇子の死後）甥の厩戸皇子を摂政に抜擢し、蘇我氏べったりではない公正な政治を行ったことにあります。蘇我氏は、図らずも頭を押さえつけられてしまったのです。

その後、太子、そして推古天皇が亡くなると、馬子のあとを継いだ蝦夷《えみし》はキングメーカーとして、自家に都合のいい田村《たむら》皇子を天皇に押し上げます。これが第34代の舒明《じょめい》天皇（天智天皇の父）です。

聖徳太子一族を根絶やしにした蘇我入鹿の専横

この時代の天皇家の人々の政治的態度は二分されていました。

一方は蘇我氏の権勢に恐れおののき、その意に沿うように動く。

もう一方は、「蘇我氏ごときに国政が壟断《ろうだん》されるのは許されない」として、反蘇我氏の立場を貫く。

だが、優勢なのはもちろん親蘇我派でした。当然、舒明天皇も蘇我氏とうまくやっていこうとする立場に立ちます。

この天皇の治世で特筆すべきことは、初めて遣唐使を派遣したことでしょう。

聖徳太子の時代は隋にあった中国大陸の覇権が、唐に移ったことが重要です。なぜなら、唐は隋以上に超強力な軍事大国であり、それ以前の中国王朝が成し遂げられなかった、朝鮮半島の国々の属国化を成し遂げるからです。

こうした強大な国家である唐と初めて接触したことは、舒明天皇の外交的な功績といってもいいでしょう。

逆に内政面は、なにもしませんでした。あるいは、なにもできなかったというべきかもしれません。皮肉な言い方をすれば、これも舒明天皇の「功績」といえるかもしれない。内乱も暗殺も起こらなかった穏やかな治世だったからです。

結局この時期は、いわば嵐の前の静けさとでもいうべき治世でした。

そして舒明天皇が天寿をまっとうすると、天皇家と蘇我氏の対立が解消されたわけではありませんから、必然的に皇位継承問題が起こります。

舒明天皇には、中大兄皇子（のちの天智天皇）と大海人《おおあま》皇子（のちの天武天皇）というふたりの子がいましたが、実はこのふたりの上に古人大兄《ふるひとのおおえ》皇子という兄もいました。この人物の母親は皇族ではなく蘇我氏出身。後継者争いは必至でした。

舒明天皇は後継者を指名せずに亡くなったのですが、ひとまず争いを避けるためもあってのことでしょう。「つなぎ」として舒明の皇后が第35代皇極《こうぎょく》天皇として即位します。気づいた方もいるかもしれませんが、推古女帝誕生のときと同じパターンです。

一方、蘇我氏のほうは馬子が亡くなり蝦夷がそのあとを継ぎ、さらに蝦夷の息子の入鹿の時代になっていました。

蝦夷は引退して入鹿にすべてを任せていたようでしたが、入鹿は蘇我氏の権勢が3代続いたこともあって心がおごったのか、天皇家を無視してわが物顔にふるまうようになります。こうなると、蘇我氏にとってもっとも避けなければいけない事態は、推古天皇・聖徳太子コンビのような、優秀な皇族によって公正な政治が行われることとなります。

その懸念の標的は、太子の息子である山背大兄王一族でした。山背大兄王は、あえて政争を避けるため、大和や難波から離れた地で静かに暮らしていました。

ところが、父譲りの卓越した能力を恐れた入鹿は、643年（皇極天皇2年）、山背大兄王に兵を差し向け、命を奪います。理由はただひとつ、天皇にさせないためです。たとえ天皇にならなくても補佐役に就いただけでも、蘇我氏の専横を疎外する要因になると思われたからでしょう。

こうして心配のタネを取り除いた入鹿は、自分の屋敷を「宮門《みかど》」と名づけ、さらに自分の子女たちを「皇子《みこ》」と呼ばせるようになります。

天皇家にとって、最大のピンチの到来です。

蘇我氏滅亡を引き起こしたのは、聖徳太子の「怨霊」だった！

こうした蘇我氏の横暴に対し、心ある皇族は危機感を覚えました。このままでは天皇家は蘇我氏に圧倒されてしまいかねないからです。

「こうした事態を防ぐには、入鹿を倒すしかない」

そう決意したのが、皇極天皇の息子である中大兄皇子《なかのおおえ》で、彼に賛同し協力したのが中臣鎌足《なかとみのかまたり》、のちの藤原鎌足でした。

このときの有名なエピソードがあります。蘇我氏を倒すために盟主として仰ぐ皇族を探していた鎌足は、思慮深く勇敢でもある中大兄に接近したいと思っていましたが、身分が違うのでなかなか近づく機会がありません。

ところが、ある日蹴鞠《けまり》（サッカーのような遊び）に興じていた中大兄の革靴が、すっぽ抜けて飛んでしまい鎌足の前に落ちます。鎌足はそれをすかさず拾い上げて中大兄に差し出し、ふたりは親しくなったというのです。

さて、問題は入鹿をどうやって殺すか。

ふたりは、蘇我氏の分家の身ゆえに本家に反感を持っていた、蘇我倉山田石川麻呂《くらやまだのいしかわまろ》を仲間に引き入れ殺害計画を練ります。近く、朝鮮半島からの使者が宮廷を訪れる際に、入鹿も顔を出さねばならない絶好の機会があることを知り、そのリハーサルをやるからと入鹿を宮中に呼び寄せました。

入鹿は単身やってきましたが剣を帯びていたので、中大兄皇子は、おどけたしぐさをして油断させろと俳優（宮廷のピエロのような存在）に言い含め、まんまと入鹿の剣を預かることに成功します。

計画では倉山田石川麻呂が上奏文を読み上げ、それを聞いている入鹿のスキを突いて中大兄の配下ふたりが入鹿を殺害する手はずでしたが、ふたりは脅えて足が前に出ません。するると、絶好の機会を逃してはならじと、中大兄は自ら剣を抜いて入鹿に斬りかかり、配下の者もそれに続いたとされています。

山背大兄王が殺害されてから、わずか2年後の645年（皇極天皇4年）のこと。これが「乙巳《いっし》の変」と呼ばれるクーデターです。

入鹿が殺されたことを知って父の蝦夷は屋敷に火を放ち、自殺。天皇家にとって最大の脅威である蘇我宗家は、こうして滅びました。


そのシーンを目撃していたのが皇極天皇です。目の前で入鹿が殺されるのを目撃した天皇は、精神的ショックもあったのでしょう。天皇家始まって以来の前代未聞の生前譲位の挙に出たのです。

平成の御代でも、天皇陛下が譲位するという決断をされましたが、古代において天皇は終身務めるものとされていましたから、周囲はあわてふためきます。次期天皇の第一候補は中大兄皇子ですが、彼は天皇位を固辞して、母皇極の弟で自分にとっては叔父に当たる軽《かる》皇子に次期天皇を譲りました。第36代孝徳《こうとく》天皇です。

こう書くと、いかにも中大兄が謙虚なようですが、実はそうではありませんでした。

自分こそが政治の中心であることの自負があった中大兄は、しっかりと皇太子の座を確

奈良県明日香村にある有名な石舞台古墳。蘇我入鹿、蝦夷の墓所だと考えているが、石室だけで土で覆われていない。つまり「暴かれた状態」にあるのが、蘇我氏の専制に対する皇族たちの怒りの表れだといえよう。

保。そして孝徳天皇が政治刷新のため都を難波宮（大阪）に移すと、それに反対していた中大兄は、なんと天皇を差し置いて都を倭京《わきょう》（奈良）に戻すことを決めたのです。

さらに抵抗する孝徳天皇を尻目に、多くの皇族や家臣たちばかりでなく、孝徳天皇の皇后である間人皇女《はしひと》（中大兄の実妹）までも、引き連れて倭京に戻ってしまいました。面目まるつぶれの孝徳天皇は失意のなか、孤独死しました。

このため、やむをえず引退していた宝皇女《たから》（皇極天皇）が、今度は斉明天皇《さいめい》として再び即位したのです。

このように同じ人物が天皇として二度即位することを「重祚《ちょうそ》」といいますが、これは前代未聞のこと。しかも彼女は「譲位」と「重祚」という「ふたつの前代未聞」をやっているわけです。

そうした意味でいえば特筆すべき天皇といえますが、それは表向きで実際は中大兄が「黒幕」だったのは明らかです。彼女はたぶん温和な性格で、気の強い息子の言いなりになっていたのでしょう。

さて、ここまで太子、推古天皇の死から蘇我氏の栄枯盛衰、そして天皇家の復権についてのあらましを述べてきたなかで、「聖徳太子怨霊説」も説明されていたことに気づかれた方はいるでしょうか。

あれほどの権勢をほしいままにして、わが世の春を謳歌していた蘇我宗家が、あまりにあっけなく滅ぼされてしまったわけです。当時の人々は、きっとこう思ったのではないでしょうか。

これまで何人もの皇子や天皇すら殺している蘇我宗家だったが、聖徳太子の息子に手を出した途端に一族が全滅した。これは太子のタタリであろう、と。

一方で、蘇我氏に暗殺されるという不幸きわまりない死に方をした崇峻天皇。

その諡号が崇「徳」ではなく、崇峻とそっけないのは、天皇の死後も蘇我氏は権勢を失うことなく、つまりタタリを覚えることなく、栄華を持続できたからではないでしょうか。崇峻を恐れる必要がなかったから、「徳」という素晴らしい諡号を贈らずとも済んだ。

けれども厩戸皇子は、天皇になれなかったうえ、タタリをもって蘇我宗家を滅亡させたので、天皇家は「聖徳」なる立派な諡号をもって太子の怨霊を鎮魂する必要があったのではないでしょうか。

中大兄皇子にないがしろにされ憤死した軽皇子に、「孝徳」という素晴らしい諡号を賜ったのも同じ理由からと思われます。

仏教的見地からでは説明できない太子が残した「日本教」の本質

一方で、別の方向から怨霊以外の説を説く人たちもいます。

たとえば前出の上原和氏は、厩戸皇子が「聖徳」と呼ばれるようになったのは、「如来《にょらい》の功徳の聖徳無量」すなわち「仏教」に由来するものだと主張しました。厩戸皇子は、類まれなる立派な皇子だった。人徳に加え、仏教のすぐれた理解者であったがために「聖徳」という諡号を与えられたのだ、と。

しかし私は、果たしてそれだけの理由からだろうかと、歴史学界のこの「常識」に疑問を持っています。こう考えられるからです。

たしかに太子は仏教の篤信者《とくしんしゃ》（熱心な信者）でした。しかし太子を取り巻く人々は、けっしてそうではありません。後世において太子を信仰した人々も、仏教だけに影響されていたわけではありませんでした。このことを頭に入れておくべきです。

たとえば太子の十七条憲法で説かれている「和」の精神にしても、これは「仏教」由来のものではなく、むしろ「日本教」とも言うべき日本人独特の伝統的でユニークな考え方であるということを私は解き明かしました。

7世紀に実在した厩戸皇子が、後世「聖徳太子」という、日本人にとっての理想的な人物として発展していく過程において、私は間違いなく仏教以外の日本古来の宗教感情があったと考えています。

とりあえず、それを「御霊《ごりょう》信仰」と言っておきましょう。

これは、けっして仏教ではありません。いまでも日本の仏教は、先祖供養や怨霊鎮魂をやってはいますが、これらはもともと仏教にはなかったもので、仏教が日本に根づいていく過程で行うようになったのです。

ようするに、すでに日本にあった御霊信仰に影響されて、仏教のほうが変質したということ。仏教だけに焦点を当てて太子を理解しようとする〝落とし穴〟が、ここにあります。

明治以降の近代化のなかで日本人は、福沢諭吉が声高に主張したように、「迷信」を無視するのが正しいと信じるようになりました。しかし、歴史上の出来事を正しく理解しようとする際に、その当時の人々が抱いていた「迷信」（御霊信仰もそのひとつです）を頭から無視していたら、真相にはけっして近づけません。

たとえ太子が仏教に篤く帰依《きえ》していたとしても、それに対する人々の受け止め方は「仏教」的見地からだけとは限らず、まったく別の考え方からであったことは十分に考えられます。御霊信仰は一見「仏教風」に見えるところがくせ者で、実は仏教とは別の思想に基づくものなのです。

もし「聖徳」という諡号が、本当に太子の「徳」を讃えて贈られたのなら、太子以後に「徳」の字を贈られた人々は、皆がなんらかの意味で「徳」があった人だということになります。

では太子以後、諡号に「徳」の字がある天皇のことを検証してみましょう。実は6人しかいません。もうひとり、後鳥羽《ごとば》天皇が「顕徳《けんとく》」という諡号を一時受けたのですが、後述するように、のちに改名させられていますので、ここでは省きます。

その6人とは第36代孝徳、第40代称徳、第55代文徳、第75代崇徳、第81代安徳、第84代

諡号に「徳」の字がついた天皇一覧

生没年	代	在位	現世への不満	死の状況	
孝徳天皇					
596～654	36	645～654	皇太子（中大兄皇子）に妻を奪われ、さらに旧都に置き去りにされる	家臣に放置され孤独死	
称徳（孝謙）天皇					
718～770	48（46）	764～770（749～758）	寵愛していた僧侶の弓削道鏡を天皇にしようとするが、急死して果たせず	病死だが暗殺説もあり	
文徳天皇					
827～858	55	850～858	藤原氏に政治の実権を奪われ、最愛の第一皇子（惟喬親王）を皇太子にできないまま死亡	発病後4日で急死	
崇徳天皇					
1119～1164	75	1123～1142	政権奪回のため、後白河天皇に対し保元の乱を起こすが、敗北し讃岐へ配流	「天皇家よ、没落せよ」と呪いながら配流先で憤死	
安徳天皇					
1178～1185	81	1180～1185	平家の血を引く幼帝として源平の戦いで源氏に敗れ、8歳で一族もろとも滅亡	祖母の二位尼に抱かれ、壇ノ浦の海へ投身自殺	
順徳天皇					
1197～1242	84	1210～1221	鎌倉幕府を倒すため、父の後鳥羽上皇とともに挙兵するも敗れて佐渡へ配流	都への帰還を切望しながら、配流先で憤死	

順徳の各天皇です。

実はこの6人が6人とも、まともな死に方をしていません。事実上殺された人もいれば、島流しにあった人もおり、一見幸福な生涯を送ったように見えて、実は「無念の死」や「憤死」を遂げた人もいたのです。

勝手に遷都され、妻にまで逃げられた孝徳天皇

たとえば、孝徳天皇については、中大兄皇子に言いようにされたあげく憤死したことは、先ほど簡単に説明しました。しかし、話はそれだけでは済みません。

中大兄皇子が、孝徳天皇の皇后である間人皇女まで連れて、勝手に倭京に遷都したと述べましたが、実は中大兄皇子と間人皇女は不倫していたという説もあります。実際、孝徳が皇后に向けて「愛していたお前を他人が奪ってしまったではないか」という歌を送っているのです。

もちろん間人は中大兄皇子の妹ですから、愛人関係であるはずないという人もいるかも

しれません。ですが、いずれにせよ孝徳が妻に逃げられた男であることは、『日本書紀』にも明記されています。

孝徳帝は、この置き去り劇の1年後に、難波宮で亡くなりました。病死でしたが、果たして安らかな死であったかどうか、それは常識で判断できるのではないでしょうか。

さらにつけ加えておくべきは、孝徳天皇の殯の期間は、わずか2カ月足らずと異様に短かったこと。殯が短ければ短いほど、その死は異常だということは、P145で説明したとおりです。

「即日」の崇峻天皇や聖徳太子にはおよばないものの、「2カ月足らず」というのは、かなり異常な日数であると言えるでしょう。同じくP145の『国史大辞典』の「殯」の説明にもあったように、普通は5カ月ないし6カ月以上で、最大5年以上かかる場合もあったからです。

とにかく孝徳天皇は、どうひいき目に見ても、徳のある立派な天皇だったとは言えなかったでしょう。それなのに、どう考えても「徳のある立派な人」とは思えない、むしろ「不幸で気の毒な人」に「孝徳」という名前が贈られているのです。

弓削道鏡を天皇にできす、天智系に系統を奪われた称徳天皇

続いて称徳天皇を簡単に見てみましょう。

称徳天皇は女性です。では、なぜ女性の身でありながら、即位したのか。

皇位を継ぐべき男子がいなかったのではありません。称徳は、奈良の大仏を建立したので有名な聖武天皇の娘ですが、聖武天皇には安積《あさか》親王（この時代あたりから皇子・皇女といわず親王・内親王という。これが現在も続いています）という、称徳より年下だが、れっきとした男の子がいたのです。

ところが、聖武天皇は、安積親王をさしおいて称徳（当時は阿倍《あべ》内親王）を、なんと皇太子に指名しました。それまでに女帝は数人います。しかし、本書でも説明してきたように、ほとんどが前天皇の未亡人か姉妹で、天皇が急死し跡継ぎの男子が若すぎるための〝つなぎ〟で即位した人ばかり。

つまり、いずれも皇太子を経ずして天皇になったのであって、女性の身でありながら皇

太子に指名されたのは称徳（阿倍内親王）が初めてなのです。

では、なぜそんな異例なことが行われたか。これは藤原氏の陰謀でした。この称徳を産んだ母は、あの有名な藤原光明子《こうみょうし》、つまり光明皇后。歴史上初めて、皇族ではないのに皇后になった人物です。

彼女は、聖武天皇のあいだに生まれた「藤原直系」の男子を、次の天皇にしようと目論んでいましたが、なかなかうまくいかず、ついに男子は誕生しませんでした。

そうなると、このままでは別の妃（犬養氏出身）が産んだ安積親王が皇太子になってしまいます。そこで考えたのが、聖武と光明子のあいだに生まれた女の阿倍内親王を皇太子にすることでした。れっきとした男の子がありながら、阿倍内親王（称徳）が皇太子になったのは、そういう事情によるのです。

そうこうするうちに、聖武の唯一の男の子であった安積親王も死んでしまいます。そこで、聖武はとうとう阿倍内親王に位を譲ったのです。７４９年、彼女はすでに32歳になっていました。

実は、ある意味で彼女自身、藤原氏の策略の犠牲者といえるでしょう。皇太子という高貴な立場に置かれたうえ、32歳までそのために待機させられたため、彼女は生涯正式な結婚をすることはありませんでした。要は、釣り合う相手などいなかったのです。

称徳天皇をめぐる、もうひとつの事件、それは晩年、皇族たちに失望して、皇族ではない弓削道鏡《ゆげのどうきょう》を天皇にしようとしていたことです。

これは日本史上、きわめて有名な事件です。簡単に言うと、天皇には天皇家の血筋を引いた者しかなれないのに、この大原則を破って、自身が寵愛する仏僧の道鏡を天皇の位に就けようとした事件なのです。

さらに、天武天皇以降、つなぎの持統女帝を除く歴代天皇たち（文武《もんむ》・元明・元正・聖武・孝謙〈称徳〉）は、すべて天武系でした。天武系の人間に皇位を独占する意図があったことは明白です。

ところが称徳の急死によって、皇位は天智系の白壁王《しらかべ》に奪われてしまったのです。これが光仁《こうにん》天皇で、以後、逆に天武系が皇統から締め出されることになってしまいます。

つまり、彼女の一生を振り返ってみれば、皇位を自分の望んだ相手、つまり道鏡に与えられなかったどころか、逆に天智系に奪回されてしまった「失意」の天皇、ということになります。

天智天皇系と天武天皇系の家系

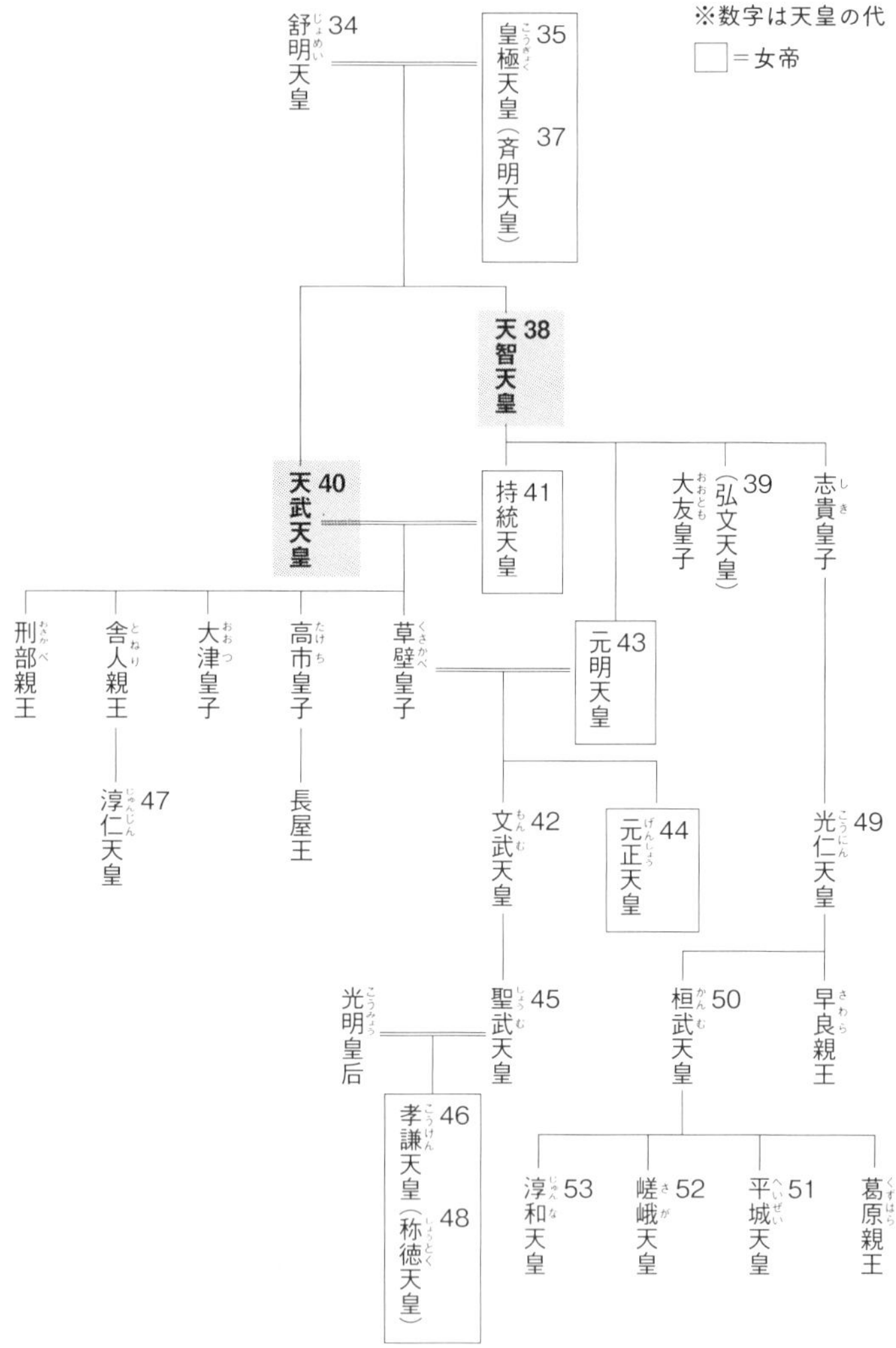

さらには、彼女には子どもがいなかったのだから、「子孫が絶えてしまった」という言い方もできないことはありません。これは息子の代で「子孫が絶えてしまった」徳の字のつく皇太子と同じではないでしょうか。これが「称徳」天皇なのです。

実は彼女は生前に「宝字称徳孝謙皇帝」という称号で呼ばれていました。しかも『続日《しょくに》本紀《ほんぎ》』（『日本書紀』の次の時代の歴史を記す「正史」）には、この生前の称号から諡をつけた、と明記してあるのです。

それゆえ、彼女が不幸な生涯を送ったから「称徳」と呼ばれたのではなくて、もともと決まっていたのだ、という反論がありえます。

しかし、私はそうは思いません。

諡を考えた人間が、生前の「宝字――」という称号を参考にしたことは事実でしょう。しかし、それならば彼女は重祚、つまり二度皇位に就いていますから、なぜ順番どおりに、最初の即位のときを「称徳天皇」とし、最後の即位を「孝謙天皇」としなかったのでしょうか。当時の元号と重なってしまいますが、「宝字天皇」と呼ぶことも不可能ではなかったはず。

それなのに、なぜ「無念の死」を遂げたときの諡号に、わざわざ「称徳」を持ってきたのでしょうか。

それは「徳」という字を含む諡号は、「不幸な生涯を送り無念の死を遂げた人に贈るものだ」という常識があったからではないしょうか。

藤原氏に敗れ去った文徳天皇と、日本最大の怨霊となった崇徳天皇のひみつ

3番目の文徳天皇はどうでしょうか。

文徳天皇には寵愛する女性がいました。紀氏の出身の紀静子《きのしずこ》です。このふたりのあいだに惟喬《これたか》親王という第一皇子が生まれます。

ところが文徳天皇は、この最愛の妃が産んだ第一皇子を皇太子にできませんでした。当時の太政大臣藤原良房《よしふさ》が、自分の娘の明子《めいし》が産んだ第二皇子である惟仁《これひと》親王を、皇太子にしろと圧力をかけたからです。結局、良房が勝ちました。

文徳天皇は最愛の息子に位を譲ることができず、藤原氏によって無理矢理別の子を皇太子にさせられたうえに、32歳という若さで急死してしまいます。

その結果、どうなったか。

天皇家がまだ少しは保持していた政治の実権を、藤原氏に根こそぎ奪われてしまったのです。

自分の望む者に位を譲れなかったこと。死後、自分の嫌っていた「系統」に権力を奪われてしまったこと。こう要約すれば、これは称徳天皇と同じです。

もう繰り返すまでもないかもしれませんが、「文徳」は明らかに「徳がある立派な人」ではありません。むしろ「無念の死を遂げた不幸な人」なのです。そういう天皇に「文徳」という諡号が贈られているのです。

続く、崇徳天皇はどうでしょうか。

これは本来、説明する必要すらないでしょう。この人が怨霊であるということは、少し日本の歴史を知っている人なら、常識でしょうから。

簡単に説明すると、天皇家の不倫によって生まれた人です。そこで「父」の鳥羽《とば》天皇に嫌われ、23歳の若さで無理矢理譲位させられます。そのあとを継いだのは近衛《このえ》天皇で、この人は崇徳天皇の子ではありません。つまり崇徳天皇は自分の最愛の子に、天皇位を継がせることができなかったのです。

この点は、この項で述べた文徳天皇とまったく同じです。ところが、崇徳天皇、いや崇徳上皇は、文徳天皇と違っておとなしく引っ込んではいませんでした。

彼は、当時の反主流派を糾合して政権奪回のクーデターを起こします。これが1156年の保元《ほうげん》の乱です。

このクーデターは失敗に終わり、崇徳上皇は讃岐に流されます。そして上皇は、流罪地の讃岐で反省し写経の毎日を送っていました。そして、写し終えた経文（五部大乗経）を都に送り寺に納めてほしいと、朝廷に願い出ます。

ところが、朝廷はこれを突っ返しました。天皇が拒否したのです。上皇は激怒しました。そして、朝廷に恨みを抱きながら、讃岐の地で亡くなったのです。

崇徳上皇がそれまでの怨霊神、たとえば菅原道真（天神）などと決定的に違うのは、「呪ってやる、祟ってやる」と明確に宣言して死んだというところです。これが道真だと、彼は生前には恨みがましいことは、ひと言も言っていません。

そして、上皇のもうひとつ際立った特徴は、呪いの内容が具体的であったこと。

「日本国の大魔縁《だいまえん》となり、皇《おう》を取って民となし、民を皇となす」と言っていたのです。

どういうことか。

これは、この時代の日本の根本のルールである「万世一系の天皇がこの国を永遠に支配する」、つまり天照大神が宣言した「天壌無窮」（天皇家が永遠に栄えること）への挑戦なのです。

天皇家に生まれた以外の者、すなわち「民」が王になり、王家（天皇家）は没落する。いや、私の力で没落させてやるぞ、天皇制をぶっつぶすぞ、という宣言なのです。

しかも、それは実現しました。

上皇が亡くなったのは１１６４年（長寛2年）です。それからわずか16年後には平清盛《たいらのきよもり》が天皇に福原遷都を強要するほどの権力を獲得。さらに、それからほどなく、源頼朝《みなもとのよりとも》によって鎌倉幕府が成立となるのです。

そして、その幕府に対して「反乱」を起こした後鳥羽・順徳のふたりの上皇が、臣下である武士によって島流しになるという、前代未聞の事態が起きます。１２２１年（承久3年）の承久の乱です。

まさに、「皇を取って民となし、民を皇となす」という、上皇の呪いは実現します。

この「奇蹟」のため、崇徳上皇は日本の大魔縁（大魔王）として、すべての人から認められる存在になったのです。

わずか8歳でこの世を去った文徳天皇と、流罪にされたのに土御門上皇に「徳」の字がつかなかったワケ

あとのふたりの「徳」の字のつく天皇について、簡単に述べておきます。

安徳天皇は説明するまでもないでしょう。平家一門が壇ノ浦《だんのうら》で滅亡したときに、祖母で平清盛の正室であった二位尼《にいのあま》に抱かれて海へ身投げした天皇です。

そのとき、わずか8歳。

もちろん、8歳の天皇に「御聖徳」（業績）などあるはずありません。

しかし、この幼帝は「安徳」と呼ばれているのです。

では、次の順徳天皇はどうでしょうか。

これは、崇徳天皇の項目でも触れたように、父の後鳥羽上皇とともに承久の乱を起こし

たものの、あっけなく敗れました。そして、後鳥羽上皇は隠岐《おき》島、息子の順徳・土御門《つちみかど》の両上皇は、それぞれ佐渡島、土佐への流罪とされ、その地で亡くなります。天皇（上皇）が、臣下にすぎない北条幕府に島流しにされるなど、前代未聞のこと。まさに「民が皇とな」ったのです。

こう述べてくると、疑問に思う読者もいることでしょう。

後鳥羽・土御門の両上皇も流罪にされ、その地で死んでいるのに、なぜ「徳」がつかないのか、と。

土御門の場合、答えは実は単純です。

土御門上皇は、父の後鳥羽とは対照的な性格の人間でした。当時の書物『増鏡《ますかがみ》』に「あてにおおどか」とあるように、つまり「やさしい」人だったのです。そのため、倒幕の企てには一切加わりませんでした。

それゆえ父の後鳥羽は不満でしたが、なにが幸いするかわからないとはこのこと。承久の乱が失敗したのち、幕府はこの人を「無罪」としたのです。

それにしても、土御門はまさに「あてにおおどか」な人でした。父と弟が流罪になった

承久の乱前後の天皇家系図

※数字は天皇の代

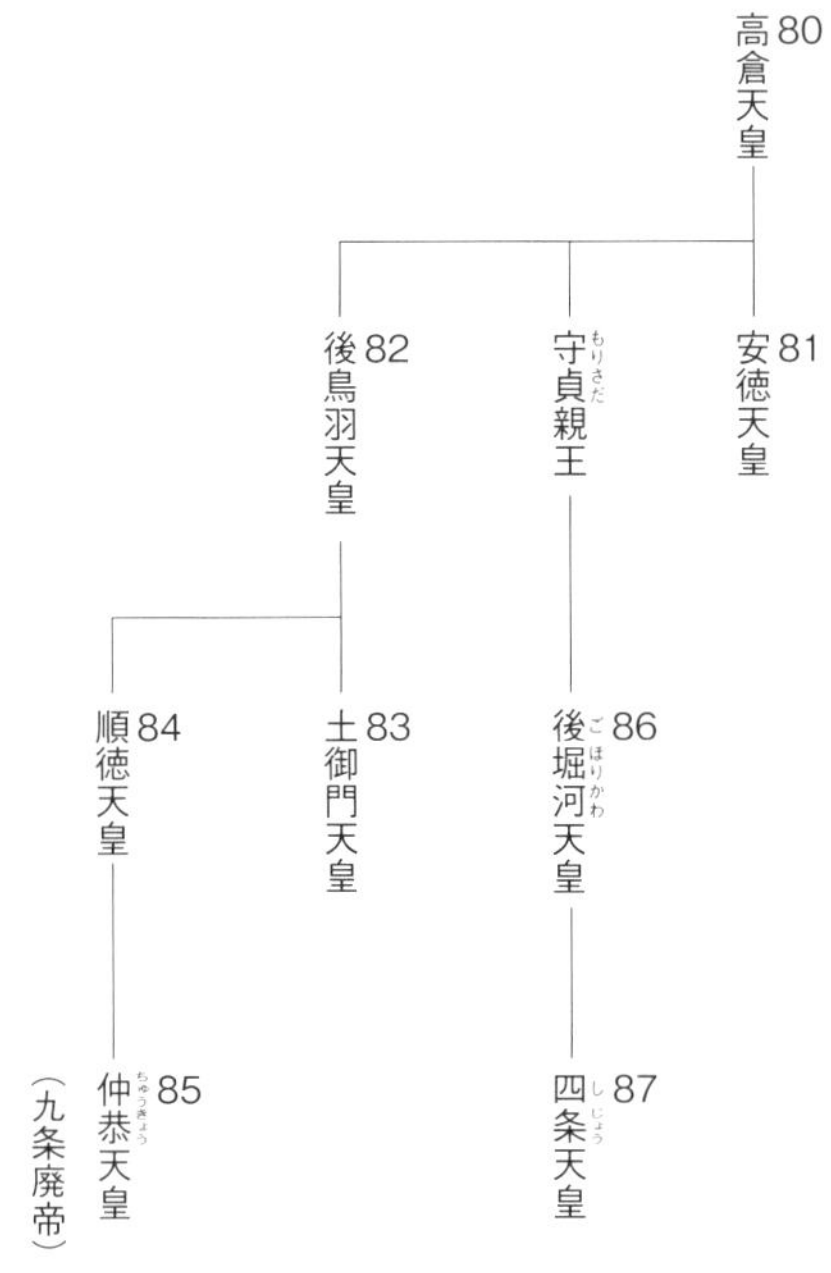

後鳥羽上皇	隠岐へ配流。その地で死亡
土御門上皇	土佐へ配流。その後、阿波に移り、その地で死亡
順徳上皇	佐渡へ配流。その地で死亡
（仲恭）天皇	廃位

のに、自分だけが京に住むことはできないと、自ら進んで土佐へ移ったのです。そして、幕府側がむしろ気兼ねして、「無罪なのにそんな遠国にいることはない」と嘆願した結果、それなら少し京の近くへということで土佐（高知県）から阿波（徳島県）に移ります。

なんとも浮世離れした話ですが、これは事実。少なくとも、当時の史書にそう書かれてあるのです。

たしかに土御門上皇は、京を遠く離れた阿波で死んだのだから、不幸な生涯であったとは言えるかもしれません。

しかし、「志を遂げられなかった無念の死」ではありませんでした。なぜなら、彼はそもそも「倒幕」を志してはいなかったのですから。この点が「倒幕」を目指し、それを果たすことなく、しかも、その当の幕府に強制的に島流しにされて憤死した順徳上皇とは、決定的に違うところです。

だから、順徳には「徳」がつき、土御門には「徳」がつかなかったのです。

なぜ、「顕徳」という諡号は、わずか4年で変えられたのか？

では、後鳥羽はどうだったのでしょうか。

後鳥羽は条件は順徳と同じです。いや、そもそも倒幕の主謀者は後鳥羽なのですから、それが失敗したことに対する怨念は、順徳以上でしょう。それなのになぜ、「徳」の字がつかないのでしょうか。

実は、初めはついていたのです。

彼は、死後4年間は「後鳥羽」ではなく「顕徳」院と呼ばれていたのです。

彼が配流地の隠岐島で60歳の生涯を終えたのは1239年（延応元年）3月のことでした。そして同じ年の5月に顕徳院の諡が贈られたのです。ところが1242年（仁治3年）に、その諡が「顕徳」から「後鳥羽」へと改められます。

一度決められた諡（諡号）が、あとになって改められるなど、きわめて異例のこと。一体どうして、そんな異例なことが行われたのでしょうか。

その理由ははっきりしています。
後鳥羽、いや顕徳院の怨霊がタタリをなしたからです。
別に、私が勝手に主張しているわけではありません。歴史辞典にも明記してあります。

延応元年五月顕徳院の謚が贈られたが、上皇の怨霊が噂され、仁治三年には後鳥羽院と改められた。（『国史大辞典』吉川弘文館、後鳥羽天皇の項より抜粋、傍点引用者）

当時の書物にも次のようにあります。

後鳥羽院は、隠岐の国において延応元年二月二十二日崩御、その後御霊光物《ごりょうひかりもの》となりて、孤空を遍満《へんまん》（広く満ち塞《ふさ》がること）し、人民を悩まし、都鄙《とひ》（都会と田舎）安からず。これによって鶴岡《つるがおか》の乾《いぬい》（北西）の麓《ふもと》に、一字の社壇（神社）を建立し、後鳥羽院を勧《かん》請《じょう》（霊を招くこと）し奉《たてまつ》る。新宮大権現《ごんげん》とあがめ、重尊僧都《ちょうそんそうず》をもって別当職《べっとうしき》に補《ふ》（任せられ、彼の怨霊をなだめ奉らしむ。これによって、天下の怪異も鎮《しず》まりぬ。

（『見聞軍抄』原文は旧字旧カナ）

この「鶴岡」とは、いまも鎌倉にある源氏の守護神、鶴岡八幡宮のこと。この「新宮」は本殿の北西にあります。

もちろん「怨霊」など一切信じないという人もいるはず。しかし、肝心なのは上皇の死後、異変（彗星の出現という説もある）が起こり、その異変は上皇の怨霊の仕業だと信じられた、という事実なのです。

そして、「上皇の怨霊が噂され」たときに、当時の人々はどんな「鎮魂の手段」を取ったか、ということなのです。

先ほどの『見聞軍抄』に記録されている怨霊鎮魂法は、「神として崇め祀る」というきわめてオーソドックスな手段でした。

それとともに行われた、もうひとつの手段、それが「顕徳」を「後鳥羽」に改めることだったのです。「怨霊が噂され」たあとに行われたことなのだから、このことが怨霊鎮魂の一手段として考えられていたことは疑いありません。

「徳」による鎮魂の終わりを告げる、後鳥羽上皇の「格下げ」

しかし、よくよく考えてみると変な話ではないでしょうか。

「後鳥羽」という諡は、さしてよい意味があるわけではありません。74代に鳥羽天皇という人がいましたが、この人と境遇が似通っているという意味があるぐらいです（のちに第60代醍醐→第96代後醍醐の例があります）。

しかし、「顕徳」は「徳を顕《あらわ》す」という意味があります。こんなにいい名前はないでしょう。それなのに、どうして「顕徳」から「後鳥羽」にしたのか。これでは「格下げ」ではないのか。

まして鎮魂というのは、怨霊を怒らせるためにやるのではない。なだめるためにやるものだ。それなのに、どうして当時の人々はそんな「格下げ」という怨霊を「怒らせる」ような真似をしたのか。

これは西洋（あるいは中国）合理主義では、けっして答えは出ません。

「顕徳」は「徳を顕す」のだからきわめていい名前だ、という「合理主義」にとらわれている限り、けっして日本史の真相は見えてこないでしょう。

では、どう考えればいいのか。

簡単です。

当時の人々が、怨霊を鎮魂するために、「顕徳」から「後鳥羽」にしたということは、「顕徳」というのは、現代から見ればよさそうだが、実は悪い名前だと当時の人々が考えていた。そういうことではないでしょうか。

もちろん、中国から「徳」という言葉が輸入された時点では、そうは考えられていなかったでしょう。

しかし、そのうちにこの「徳」という字が、「無念の死を遂げた怨霊（あるいはその予備軍）」に贈られる「専用」の字になった。いわば「贈『徳の字』方式鎮魂法」です。

ところが、この「鎮魂法」は時代を下るに従って、効力が薄れてきた。「孝徳」「称徳」あたりは効き目があったが、「崇徳」では、まったく効き目がなかった。そして、「安徳」にはなんとか効いたが、ついに「徳の字」を与えられながらタタリをなした（崇徳に次ぐ）ふたり目の天皇が出た。それが顕徳です。

そこで、「顕徳」は捨てられ、「後鳥羽」というむしろ平凡な号が贈られた。つまり、ここにおいて、「贈『徳の字』方式鎮魂法」には終止符を打たれたのです。そして、これ以後（正確には順徳以後）、「徳の字」を持つ天皇はひとりも出てきていません。

当時の人々は「あの上皇様も『顕徳』なんていう不吉な号を贈られたので、お怒りになったに違いない」と考えたからこそ、名前を変えたのです。

そう考えることによって、初めて合理的に「顕徳」から「後鳥羽」への変更を説明できます。

となれば、この「徳の字」方式のそもそもの始まりである「聖徳」太子が、「怨霊」（あるいはその予備軍）と見られていたことも、また確実ではないでしょうか。

「聖徳」だから「徳がある人で怨霊でない」なら、「顕徳」だって「徳がある人で怨霊ではない」はずですが、本当にそうかどうかは、もはや説明するまでもありません。

さて、ここで最後の疑問がわいてきます。

そもそも「徳」という字を諡号に入れることを、当時の人々はなぜ有効な鎮魂法と考えたのでしょうか。

中国と日本でまったく異なる「徳」の概念とその効果

「徳」の字を漢和辞典で引いて教えられることは、この字が人間の品性（人柄、人品）にとって、もっとも大切なものを表わしているということです。西洋の合理主義的な考え方では、本人の品性が正しくても（＝徳があっても）、必ずしもその人が幸福であるとは限らないとされます。しかし中国では、そうは考えませんでした。

中国には「天と人のあいだ、すなわち自然現象と人事のあいだには因果関係が存在する。さらに具体的に言えば、君主の政治の善悪が自然界の吉祥や災異を招く」という考え方があります。「天人相関《てんじんそうかん》」と言われるものです。

疫病や飢饉、地震などの災いは君主の責任。君主が徳を持ち、徳のある行いをしていれば、天もこれに呼応して、世の中は平和になり作物も豊作となる、とするものです。

しかし、君主に徳が欠けた場合、すなわち不徳の君主であれば世は乱れ、災いが人々を苦しめます。それが「不徳の致すところ」なのです。この世をうまく統治する重要なポイントは、「君主に徳があるかないか」ということになります。

ここから中国では「有徳者王」という政治思想が生まれました。天命によって有徳者が王者となるべきとし、また人民には王者が有徳であることを要求し、政治と道徳が合致することを求める権利がある、とするものです。

孟子の言った「以徳行仁者王」（徳を以て仁を行う者は王なり）は、まさにこのことです。「有徳者王」の世界では、徳があることが王者の絶対条件ですが、徳などというものは他者が客観的に測定できるものではありません。だから徳のない、力まかせだけの人間が「天子」となることもあり、武力で前王朝を滅ぼしたあとに「オレには徳があったのだ」と、あとづけで威張ることもあります。

それゆえに、苦しめられた人民は、君主への忠義も無条件でなくてもいい、天子に徳がないなら反抗してもいい、ということにもなります。

しかし日本では、そうはいきません。日本で天子となる第一条件は、天皇家の血脈を受け継ぐ「血統」です。天皇に徳があろうがなかろうが、臣は天皇に対して絶対的に「忠」を尽くさねばなりません。

つまり、日本人は「徳」という思想を中国とは違った形で受け入れてきた、というより受け入れてこざるをえなかったと思われます。

中国では「徳」は「天子となるための必要にして唯一の条件」でしたが、日本では天子となるための条件は天皇家の人間、という縛りがありますから、中国のような条件はいらないのです。

それでも日本人は当初は、「徳を持つ」という意味でこの字を使っていました。仁徳天皇がまさにそうです。しかし聖徳太子以降、日本人は「徳」という概念を、むしろ怨霊鎮魂に使ったのではないでしょうか。

この一字が「人間としての最高の品性」を表す以上、その名で呼ばれた人間もまた、そのような品性を持つということになります。

そういう文字を、本当はそうではなかった（殺されたり自殺したりした）王者に与えることで、恨みを飲んで死なざるをえなかった魂を鎮めることができると考えたに、違いありません。

日本人の血脈に連綿と伝わる「御霊信仰」と聖徳太子の真実

中国では王朝が変わっていくごとに、儒教による徳治主義が盛んになり、王者に徳さえあれば天は大いに祝福するという信仰が主流を占めていきます。そして怨霊の鎮魂よりも、いかに徳を身につけるかということのほうが、重要課題となっていきました。

儒教というものをひと言で言えば、「徳の身につけ方を学ぶ」ということ。徳があれば世界は丸く治まるのですから、儒学は個人の修養の場であると同時に政治哲学でもあったわけです。もっとも徳があるとされる皇帝を補佐する人間にも、当然のこととして徳が必要で、そのために国家が試験を行って広く天下に人材を求めました。それが「科挙制度」です。

こうした中国の「徳治主義」は、近代になって国民全体が選挙を通じて政治に参加できるシステムが主流になると国家の停滞を招き、中国は近代国家に脱皮できずに滅びます。

一方、日本は中国とは違って、怨霊の鎮魂こそが政治の最重要課題でした。中国が徳さえあればうまく治まるように、日本は怨霊の鎮魂さえきちんとしておけば世の中に乱れは生じない、とされたのです。

中国の皇帝は、「天」という絶対者による任命制です。いわば「雇われ皇帝」。いかに皇帝といえども、その座は絶対のものではありません。

一方、日本の天皇は文字通り「天」の子孫ですから、「天人相関」ではなく「天天相関」とでも言えましょうか。わざわざ徳を身につけなくても、父祖から継承した霊力によって「神国」日本を統治できるわけです。

ところが、こういう「神国」でも災害や飢饉は起きます。なぜ起きるかといえば、本来天皇の霊力で安泰となるべき国を、別の霊力で邪魔するヤツがいるから。そう、考えられてきました。

それが「怨霊」です。

少なくとも中世までの日本の政治とは、怨霊をいかにして鎮魂するかの方法を模索する歴史であったと、私は考えています。仏教にせよ、儒教にせよ、日本はとどのつまり、「怨霊鎮魂の手段」として受け入れてきたフシがあるのです。

私の言いたいのはただひとつ、「徳」という字は、必ずしも「徳があった」ことを示すわけではないということ。恨みを抱いた死で生涯を閉じた人物に対しては、後世の人はその霊を慰めることがなによりも大切なことでした。

これが、日本人の血脈に連綿と伝わる「御霊《ごりょう》（怨霊）信仰」なのです。

怨霊はこの世に災いをもたらすタタリ神ですが、ひとたびこれを祀り丁寧に鎮魂すれば、一転して私たちを加護してくれる「御神霊」になるとされています。怨霊が善なる神に転化すると御霊になるのです。

ここまで見てきたように、古代のある時期から「徳」という諡は、無念な生涯を余儀なくされた天皇に贈られることになりました。

それはいつからか？

明らかに不幸な生涯だったのに「孝徳」と諡号された天皇の少し前、「聖徳」と諡された天皇クラスの人がいた時代――そう、聖徳太子のときからだと思われます。

「徳の字」方式のそもそもの始まりに太子がいたのです。太子が怨霊（あるいはその予備軍）

と見られていたことは確実でしょう。

聖徳太子の「徳」の字についての説明は以上で尽きると思いますが、もうひとつの文字「聖」についても、ひと言述べておきます。

次々と発生して世を惑わす怨霊は鎮魂して「御霊」、すなわち「よい霊」に変えることが為政者に課せられた重大な政治行為でした。その悪霊から善なる神に転化したとき、その転化した人々を、われわれの祖先は「聖」と呼んだようです。

つまり「聖」というのは、本来怨霊となるべき人々が善なる神に転化した状態のことを表現した文字なのです。

「聖」と「徳」の2文字が冠された名を持つ太子の存在は、日本人の心の底にある怨霊の信仰心からして、とてつもなく大きなものであることはたしかなのです。

あとがき

「まえがき」で、ノーベル物理学賞受賞者の眞鍋淑郎さんの「同調圧力」について述べましたが、これが昨今でもっともなずける発言だとすると、最近もっとも大笑いした話題は実はある企業のコマーシャルです。

たぶん同じことをやっている会社はいくらもあると思うので会社名は出しませんが、それは社業のデジタル化を進めている企業です。その「売り」として出していたのが、「稟議」もデジタル化できるということでした。

この本を読了された方々なら、私が大笑いした理由をわかっていただけるでしょう。

そもそもデジタル化は、なんのためにするのか？

企業の作業能率をアップさせるためでしょうし、国際社会に対応していこうという目的もあるかもしれません。それならいま、日本企業がいちばん考えるべきなのは、稟議をデジタル化して効率よくすることではなく、そもそも非効率の極みである稟議というシステムをいかにして排除していくかということでしょう。

しかし、そうならない理由はおわかりでしょう。日本人が稟議をなぜ重んじるのか、その歴史的理由がわかっていないからで、いま読者の皆さんはそれが聖徳太子の指摘した「和」に基づくものだと理解されたと思います。だからこそ聖徳太子の指摘は、いまもけっして古くなっていないのです。

ところで、その聖徳太子が建立した四天王寺に物部守屋の霊がひっそりと祀られていることをご存じでしょうか。あの仏教を叩き潰そうとし、聖徳太子を倒そうとした守屋です。その守屋を祀った守屋祠は、次ページの写真のように四天王寺の境内にあり、境内図にもちゃんと載っています。

いつ建立されたのかよくわかりませんが、とにかくキリスト教世界、イスラム教世界では絶対にありえないことです。こうした社会では、正しい教えを破壊しようとした人間は

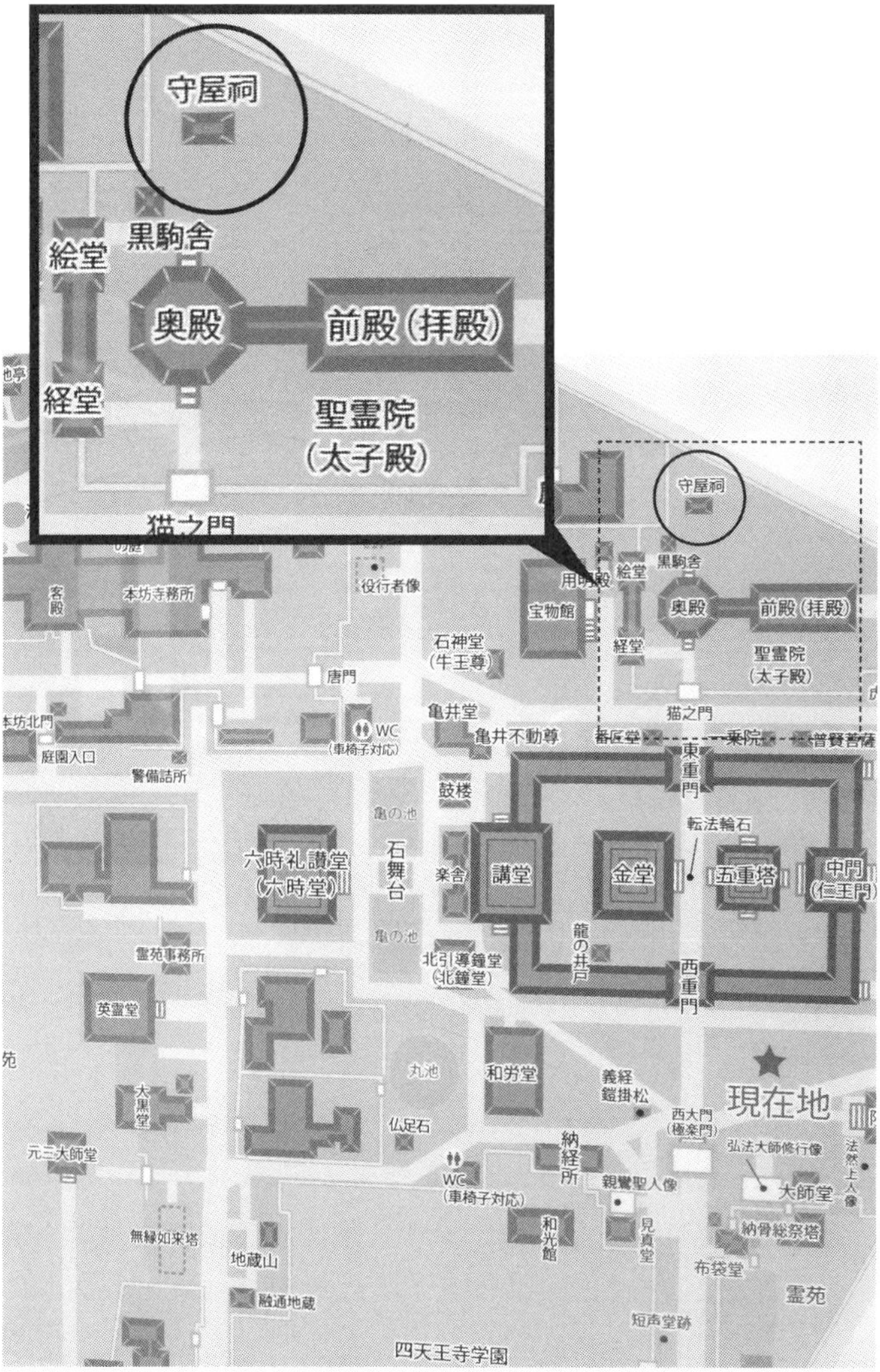

四天王寺境内図。その東側に守屋祠がひっそりと建つ。

四天王寺境内の守屋祠。聖徳太子が四天王寺を建立する際に戦いに負けた物部守屋の霊を祀り、さらに守屋の家来を寺の使用人にしたとも言われるが、詳細は不明だ。

悪魔であり、その霊が弔われることは決してありません。

しかし、日本ではそうではないということに気がついていただければ、日本文化への理解がより深まっていくと感じています。大変残念ながら、日本の歴史教育は宗教を無視したがゆえに、価値の低いものになってしまっています。

この件については最近開設したユーチューブの「井沢元彦の逆説チャンネル」でもさまざまな角度から触れているので、皆さんにもぜひ見ていただきたい。私の言葉に偽りがないことがわかるはずです。

私の念願は、日本人が自分の国の歴史に本当に目覚めることなのです。

２０２１年11月

井沢元彦

[略歴]

井沢元彦（いざわ・もとひこ）

1954年、愛知県生まれ。早稲田大学法学部卒業後、TBSに入社し報道局に勤務。80年、『猿丸幻視行』（講談社）で第26回江戸川乱歩賞を受賞。退社後、執筆活動に専念し、歴史推理小説の分野で活躍する一方、日本史と日本人についての評論活動を積極的に展開。歴史についての鋭い考察は「井沢史観」と称される。
ベスト＆ロングセラーとなっている『逆説の日本史』『逆説の世界史』シリーズ（小学館）、『崩れゆく韓国 あの国をダメにした五つの大罪』『汚れた「平和の祭典」2022年北京オリンピックをボイコットせよ』（いずれも、ビジネス社）、『お金の日本史 近現代編』（KADOKAWA）など著書多数。
YouTube：井沢元彦の逆説チャンネル http://bit.ly/izawa_gyakusetsu
Twitter：@m_izawa

写真提供：共同通信社（P40）、国会図書館（P80左上、P178上）、著者（P25 、26、209）

聖徳太子のひみつ

2021年12月1日　　第1刷発行

著　者　井沢 元彦
発行者　唐津 隆
発行所　株式会社ビジネス社
〒162-0805　東京都新宿区矢来町114番地 神楽坂高橋ビル5F
電話　03(5227)1602　FAX　03(5227)1603
http://www.business-sha.co.jp

〈装幀〉尾形忍（Sparrow Design）
〈本文組版〉茂呂田剛（M&K）
〈印刷・製本〉中央精版印刷株式会社
〈営業担当〉山口健志
〈編集担当〉大森勇輝

ISBN978-4-8284-2336-4